With/Afterコロナ
大阪の元気な
中堅・中小企業

追手門学院大学ベンチャービジネス研究所［編］

村上喜郁／村田崇暢／水野浩児／中野統英
井上秀一／葉山幹恭／中井郷之／岡崎利美／穴田貴大［著］

共同研究：(株)サイネックス　**協力：**北おおさか信用金庫

追手門学院大学出版会

序文

追手門学院大学ベンチャービジネス研究所所長の村上喜郁です。当研究所では、国内外におけるベンチャービジネスの理論や実態、ならびに、イノベーションを志す地域の中堅・中小企業について、経営学、マーケティング論、法学、会計学、情報学、心理学など、多様な分野の研究者がそれぞれの専門の立場から調査・研究を行っています。そして、本書は前作である『北大阪の元気な中小・中堅企業２０２１』に続き、当学が所在する北摂地域の金融機関である北おおさか信用金庫と協力し、株式会社サイネックスとの共同研究により、コロナ禍における大阪の元気な中堅・中小企業の経営について調査・分析した報告となっています。

第二次世界大戦の終戦から「高度経済成長期」、二度の石油危機を経ながらも、いわゆる「バブル経済」までの間、日本経済は急激な経済成長・拡大を遂げました。そして、この恩恵にあずかり、大企業だけでなく多くの中堅・中小企業もまた売上を伸ばし、日本経済の基盤となり続けてきました。しかしながら、その後の１９９０年代初頭における「バブル経済の崩壊」から「失われた10年（あるいは20年）」とも言われる経済不況の続く時期、さらに２０１９年以降の世界的な「新型コロナウイルス感染症」蔓延により、日本のあらゆる企業が何らかの形で大きな負の影響を受けたのです。この打撃は、大企業と比べ資本や経営規模の小さい中堅・中小企業に、より大きなものだったでしょう。

ただし、このような経営環境の大きな変化、ビジネスシーンの大変革の時期においても、それに抗い積極的なビジネスを続けている中堅・中小企業が大阪にはありました。本書では、これらの企業を「元気な中堅・中小企業」と名付け、このコロナ禍前後において、いかなる経営を行ったのかについて、「危機対応」、「新事業進出・多角化」、「DX化」、「補助金の獲得・資金調達とその活用」などの視点から研究を行っています。

まず前半では、中堅・中小企業にとっての経営環境として「新型コロナウイルスの蔓延と日本経済」、「事業性評価の本質的意識と令和の経営者の心構え」、「中堅・中小企業におけるDXの要諦」そして、「組織目的実現のためのマネジメント・コントロール・システム」のテーマで、それぞれの分野の専門家が理論的に解説を行っています。これらは、令和時代における日本の中堅・中小企業経営者にとって、経営の前提条件となる不可欠な知識をあらためて確認してくれるはずです。

そして、後半はより具体的に、先に挙げた条件に合致する大阪の元気な中堅・中小企業11社（株式会社丸福商店、平安伸銅工業株式会社、株式会社村上衡器製作所、株式会社昭和技研、株式会社イワサキ、株式会社ユニテック、アートウエルド株式会社、有限会社三愛、株式会社和幸、ナカヤマ精密株式会社、株式会社ニューセンコーポレーション）を選定し、主にその経営者や現場担当者を対象として、半構造化されたインタビュー調査を行っています。また、同時に対象企業から各種企業情報・資料の提供を受けて分析を進め、合わせてこれら企業の「元気さの秘訣」、事業成功の要点を事例研究として示しています。これら11社は、業種や規模、もちろんビジネスモデルもそれぞれ異なり、すべて特徴のある元気な企業です。これら企業の経営実践事例は、地方で事業を行う多くの中堅・中小企業に、何らかの示唆となるはずであると確信しています。本書の発刊にあたり、追手門学院大学ベンチャービジネス研究所 著者一同、本研究の成果が日本各地の中堅・中小企業、地方企業経営の一助となり、ひいては日本経済全体の一層の活性化につながることを強く祈念しています。

謝辞：本書は、追手門学院大学ベンチャービジネス研究所が株式会社サイネックスとともに実施した共同研究「北大阪の元気な中小・中堅企業プロジェクト（2022〜2024年度）」の研究成果の一部です。また、この発刊にあたりましては、「追手門学院大学出版会」の刊行助成を受けています。最後に、係る調査実施に関して、北おおさか信用金庫より調査対象先企業のご紹介、ならびに各企業との調整にご助力いただきましたこと、ここに深くお礼申し上げます。また、大変お忙しい中、調査にお付き合いいただきました各企業の経営者、担当者の皆様には、あらためてお礼申し上げたいと思います。

２０２５年２月

追手門学院大学　ベンチャービジネス研究所所長
経営学部教授　村上喜郁

目次

序文 iii

第1部　With/Afterコロナの中堅・中小企業をめぐる論点

1章　新型コロナウイルス蔓延と日本経済　村田 崇暢
はじめに 3／日本経済の状況 4／大阪経済の状況 7／中小企業の状況 10／おわりに 12

2章　事業性評価の本質的意義と令和の経営者の心構え　水野 浩児
アフターコロナにおける金融環境の変化と金融機関の支援体制 15／事業性融資推進法の制定 17／金融機関が注力する事業性評価を知る 18／事業性評価を円滑に進める事業性評価の対話ツールとしてのローカルベンチマーク 19／金融庁が公表した「業種別支援の着眼点」 21／今後の発展的な課題と担保の考え方の変化 24

3章　中堅・中小企業におけるDXの要諦　中野 統英
DXとものづくり戦略 27／中堅・中小企業におけるアフターコロナの戦略 28／筆者が取り上げた2社について 30／キログラムの定義改定について 31／新たな定義がもたらすもの 34／まとめ 36

4章　組織目的実現のためのマネジメント・コントロール・システム　井上 秀
はじめに 39／MCSとは 40／中小企業におけるMCS上の課題 42／中小企業におけるMCSの効果と展開例 43／おわりに 46

第2部　With/Afterコロナ　元気な企業の事例報告

1章　株式会社丸福商店：コア・コンピタンスを活用したブランド強化とブランド力を活かした多面的展開　葉山 幹恭
はじめに 52／丸福珈琲店の挑戦的取り組み 53／経営に対する理念・ビジョン・考え方 58／事業の強みと弱み 59／今後の事業目標 60／おわりに 61

2章　平安伸銅工業株式会社の事例　中井 郷之
はじめに 64／時代の趨勢と新商品開発 65／実用性とデザインの両立 67／ユーザーとのコミュニケーション 70／コロナ禍とアフターコロナの経営および新たな人材育成 71／おわりに 72

3章　株式会社村上衡器製作所：究極のオンリーワン技術を生かした事業展開　中野 統英
調査の概要 76／会社の事業展開と経営方針 76／他社にない強みおよびこれからの方向性について 80／コロナ禍による影響について 83／計測業界について 84／まとめ 84

4章　株式会社昭和技研の事例　中井 郷之
創業の経緯と事業の概要 88／時代の趨勢と事業の多角化 89／コロナ禍が及ぼした経営への影響とその対応 92／人材の採用・育成と事業継承 93／昭和技研の多角化戦略 94／成功する新事業進出のポイント 95

5章　株式会社イワサキ：リスケを有効に利用して
経営体質を改善　　岡崎 利美
調査の概要 98／事業の概要 98／イワサキの事業の強み 99／イワサキの困難な時期：事業承継と危機の顕在化 101／危機への対応 103／イワサキの財務戦略 105／まとめ 107

6章　株式会社ユニテック：コロナ禍における技術と
人材を生かした主力事業の転換　　中野 統英
調査の概要 110／会社の事業展開と経営方針 110／業界動向について 115／コロナ禍の影響およびDXについて 116／まとめ 118

7章　アートウエルド株式会社：高い技術力による
付加価値と協力しあう組織文化　　井上 秀一
はじめに 122／事業の概要 123／経営理念・経営方針・経営戦略 124／経営計画と組織内コミュニケーション 126／コロナ禍の経営に対する影響とその対応 128／人材の採用・育成と事業承継 129／考　察 130／おわりに 131

8章　有限会社三愛：高い技術力とそれを支える
経営理念の浸透　井上　秀一
はじめに 134／事業の概要 134／経営理念の浸透 135／経営方針、経営戦略、経営計画 137／コロナ禍の経営に対する影響とその対応 139／人材の採用・育成 140／考察 142／おわりに 144

9章　株式会社和幸：コロナ禍でも発揮された
高いレジリエンス　岡崎　利美
調査の概要 148／事業の沿革 148／新型コロナの影響 151／アフターコロナのための3つの新規企画 152／和幸の強みと今後の課題 154／経営に対する考え方 157／まとめ 158

10章　ナカヤマ精密株式会社：現場技術者の技能熟達による
競争優位性の獲得　穴田　貴大
はじめに 160／企業および事業の沿革 160／事業の強みと弱み 163／経営に対する理念・ビジョン・考え方および今後の事業目標 165／ナカヤマ精密の人材育成への取り組み 166／新型コロナウイルス感染症の影響への対策 167／後継者育成・事業継承について 167／理論的

な検討・考察 168／まとめ 170

11章　株式会社ニューセンコーポレーションの事例　村田 崇暢
調査の概要 174／企業及び事業の沿革 174／経営に対する理念や取り組み 175／事業の弱みと強み 176／今後の事業目標 179／従業員の数・年齢構成 180／新型コロナウイルス感染症の影響への対応 180／リモートワーク対応 181／まとめ 182

第1部　With/Afterコロナの中堅・中小企業をめぐる論点

1章

新型コロナウイルス蔓延と日本経済

ベンチャービジネス研究所研究員　村田 崇暢

1　はじめに

2020年以降、世界はCOVID－19（以下、新型コロナウイルス感染症）のパンデミックにより多大な影響を受けました。日本でも新型コロナウイルス感染症の影響は大きく、2023年5月の最終発表時点で、累積感染者数は3308万人、累積死者数は7万4694人でした。日本は、このような人的被害に加え、経済的な損害も被りました。

日本政府は、新型コロナウイルス感染症の影響を抑えるために、4回の緊急事態宣言を発出し、3回の蔓延防止等重点措置を実施しました（それぞれ大阪での回数です）。これらの施策により、外出自粛要請や公共施設の使用制限、事業者への休業要請、飲食店などの営業時間短縮の要請・命令、イベントの開催制限などの要請・指示が実際に行われました。これらの要請・指示の効果で、日本の新型コロナウイルス感染症の人的被害は、世界のその他の国と比べて、比較的小さい数値に抑えられました。しかし、経済的影響は大きく、諸々の制限が強かった２０２０年の日本経済は著しく落ち込みました。

本章では、まず、日本経済全体の状況を記述します。ここでは、新型コロナウイルス感染症の影響が全体としてどの程度であったかを述べていきます。次に、大阪経済の状況を記述します。ここでは、大阪府の経済的な影響がどの程度であったかを述べることにします。最後に、中小企業の状況を記述します。日本企業の企業数全体の99・７％が中小企業です。この日本経済の根幹ともいえる中小企業の状況について述べます。すべての節で、まず、現在にいたる大まかな推移を述べます。そして、経済的なデータを確認しながら、実証的に新型コロナウイルス感染症の影響について述べます。

2　日本経済の状況

日本経済は70年代初頭までの高度経済成長期にＧＤＰの高い成長率を実現しました。高度経済成長期が終わる石油危機から90年代初頭までもＧＤＰは成長し、この期間は安定成長期と言われます。その後、安定成長期が終わるバブル崩壊から現在まではほとんどＧＤＰが成長せず、この期間は失

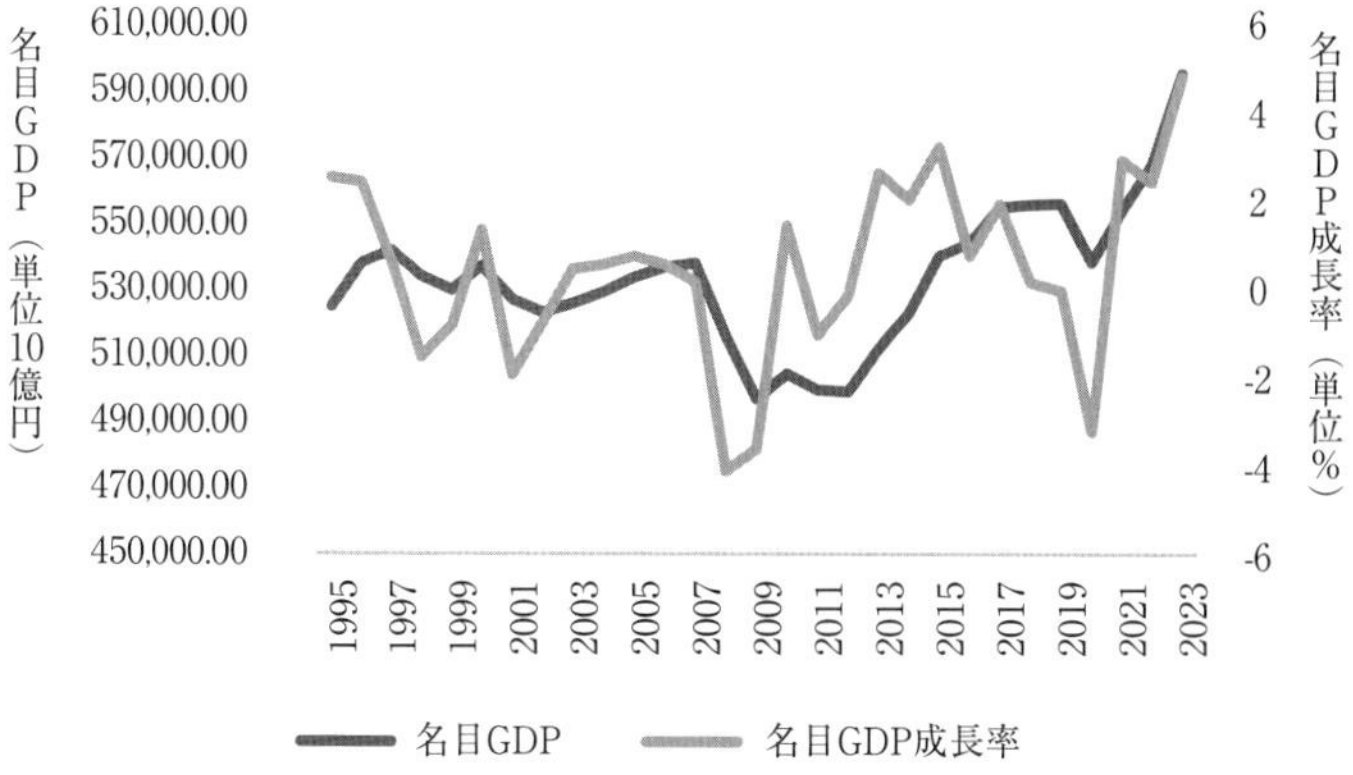

図1　日本経済の名目GDPと成長率
出所：内閣府のホームページより

われた10年（あるいは20年）と言われています。

新型コロナウイルス感染症はこの失われた30年の時期に発生しました。すでに経済成長率は低い水準でしたが、感染症対策の施策によるＧＤＰの減少により、２０２０年は大きなマイナス成長となりました。

実際に失われた30年期のデータを確認すると名目ＧＤＰとその成長率は**図1**のようになります。また、実質ＧＤＰとその成長率は**図2**のようになります。なお、名目ＧＤＰは実際の経済活動で発生した付加価値の金銭評価です。一方、実質ＧＤＰは名目ＧＤＰから物価の変動分を取り除いた値となります。

図1と**図2**から、新型コロナウイルス感染症にともなうＧＤＰの減少は、名目ＧＤＰと実質ＧＤＰともに、期間の中で最大であったことが確認できます。つまり、失われた30年におけるＧＤＰの減少は、２０００年代後半のリーマンショックと２０２０年の新型コロナウイルス感染症に伴うものが最も大きい２つであったと

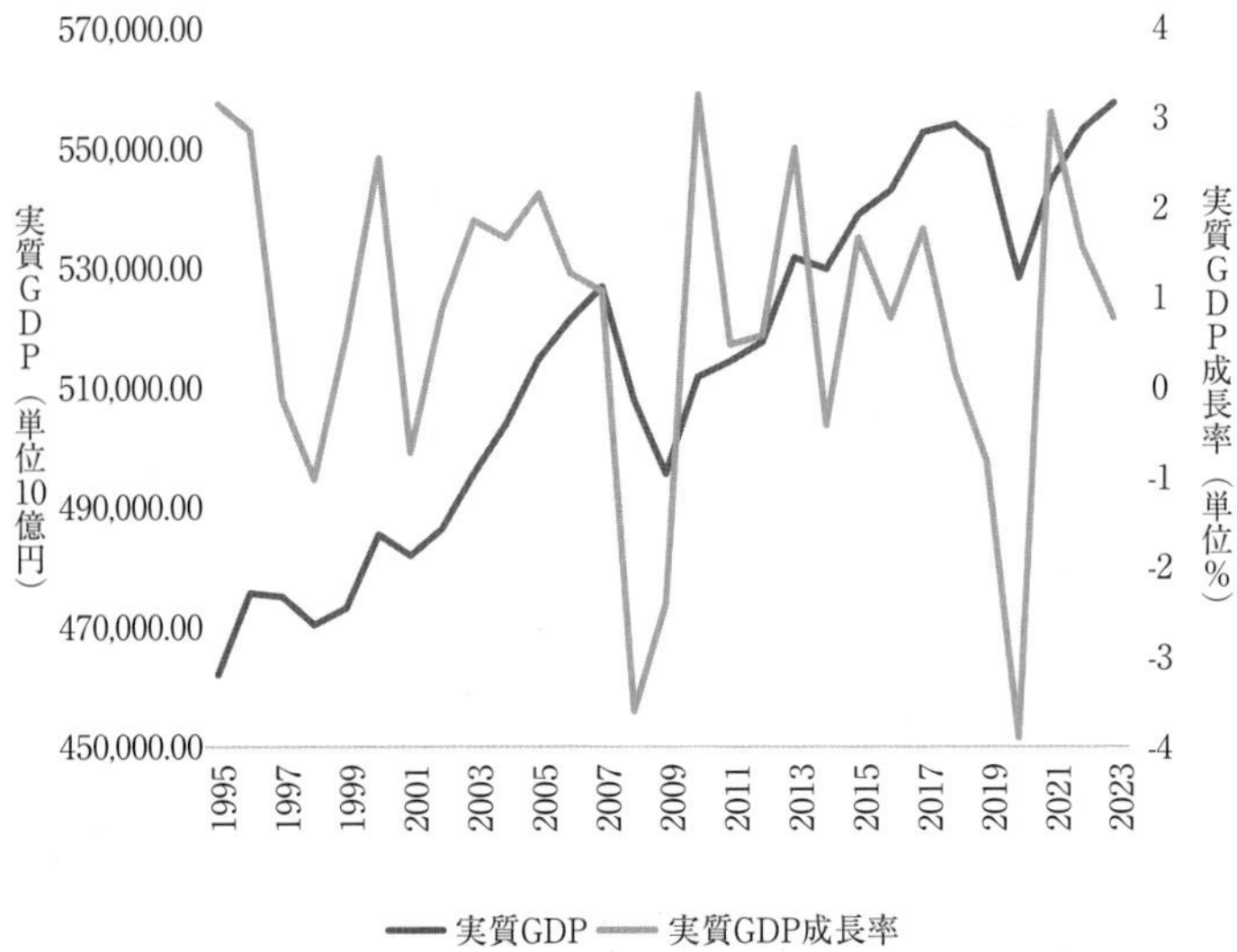

図2　日本経済の実質GDPと成長率

出所：内閣府のホームページより著者作成

いうことになります。

次に、新型コロナウイルス感染症に伴うＧＤＰの減少をより詳細な４半期のデータで確認すると、名目ＧＤＰと実質ＧＤＰは**図３・図４**のようになります。

図３と**図４**から、緊急事態宣言が発出された２０２０年４月、２０２１年１月、４月は名目ＧＤＰと実質ＧＤＰともに落ち込んだことが確認できます。２０２１年８月の緊急事態宣言では、名目ＧＤＰは減少したものの実質ＧＤＰは増加しています。これは、前年同期と比べて為替レートが大きく円安になっていなかったことによると推測されます。なお、２０２０年４月の緊急事態宣言によるＧＤＰの減少が著しいのは、外出の自粛要請などによりほとんどの産業が休止していたためです。これ以降の緊急

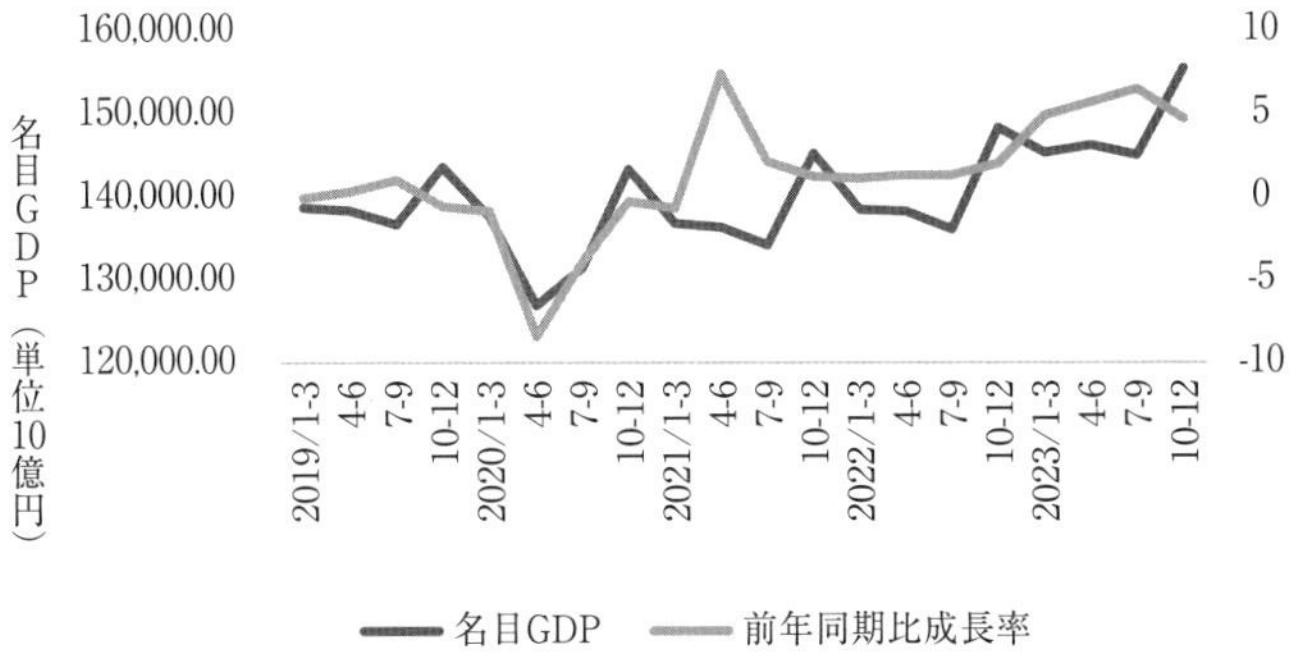

図3　四半期名目GDPと前年同期比
出所：内閣府のホームページより

事態宣言では、飲食店に集中して時短営業が求められるようになったため、GDPの減少は小さくなりました。

日本経済全体への新型コロナウイルス感染症蔓延の影響として、GDPのデータから以下の2点がわかりました。第1は、90年代以降のGDPの推移データから、新型コロナウイルス感染症に伴うGDPの減少は、失われた30年期において最大規模であったことです。第2は、四半期のGDPデータから、緊急事態宣言の発出によって、人的被害を抑えることができたものの、それに伴う経済的損失が少なくなかったことです。

3　大阪経済の状況

大阪は、1920年代から1930年代にかけて大大阪時代といわれ、当時の東京市をしのぐ大都市でした。高度経済成長期は経済成長こそしていたものの、全国に占める経済的な地位は緩やかに低下していました。その後、安定成長期を

図4　四半期実質GDPと前年同期比

出所：内閣府のホームページより著者作成

通して円高が進むなか中心産業であった繊維や情報、通信、雑貨工業が大きな影響を受けました。また、東京一極集中の進展に伴い、関西系企業の東京への本社移転が進み、大阪経済の日本経済に占める割合は低下していくこととなりました。近年も、大阪の経済的地位は相対的に衰退傾向にあります。

新型コロナウイルス感染症はこの大阪の経済的地位が相対的に衰退している時期に発生しました。日本の全国的な経済の状況と同じように大阪経済も２０２０年は大きくマイナス成長となりました。

新型コロナウイルス感染症に伴う影響をデータで確認すると、名目大阪府民経済計算と実質大阪府民経済計算は**図5**・**図6**のようになります。

図5と**図6**から、大阪も新型コロナウイルス感染症前後の経済の状況は日本全体と同様であったことが確認できます。データによると２０２０年の総生産の減少は日本全国よりも大きく、２０２１年の総生産の回復は日本全国より

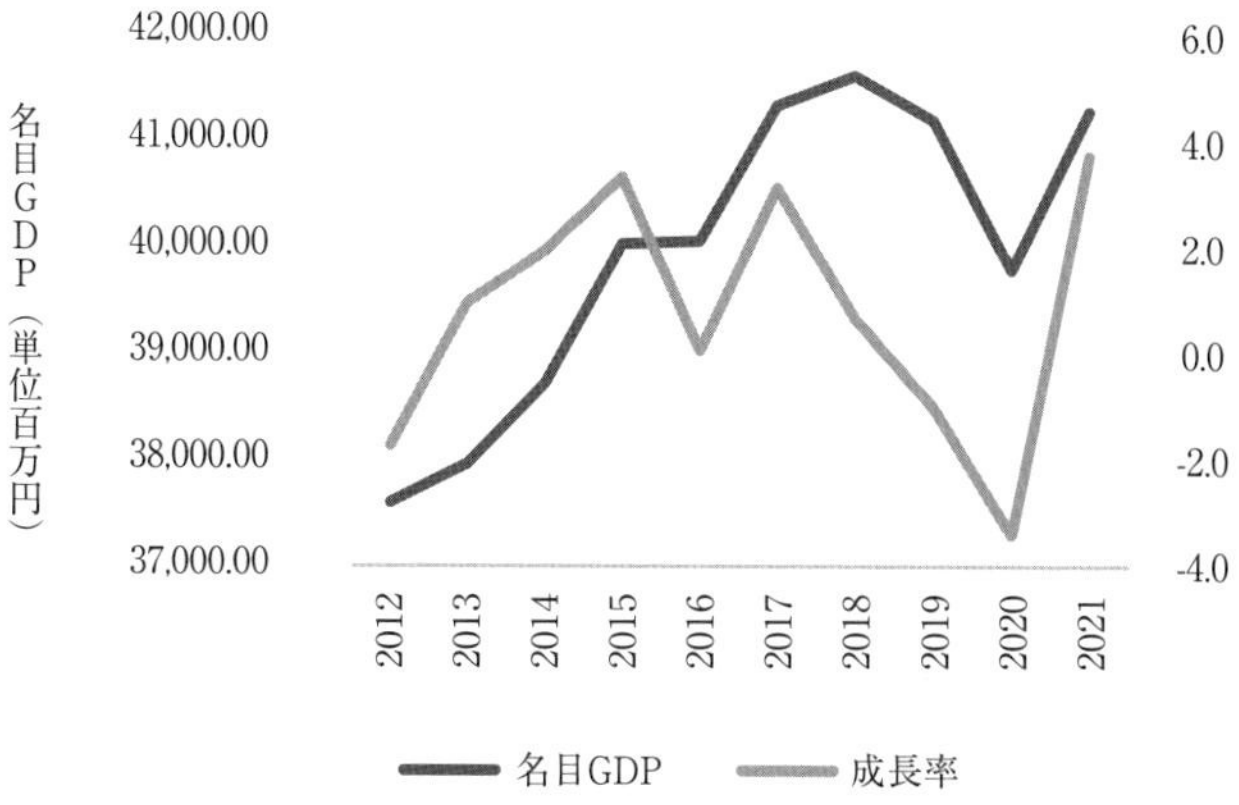

図5　名目大阪府民経済計算
出所：大阪府のホームページより著者作成

も小さくなっています。この傾向は大阪経済の内需が比較的小さくインバウンド観光客による外需に依存していたことによります。実際に、来阪したインバウンド観光客は官公庁の資料によると２０１５年の７１６万人が２０１９年には１２３１万人になったとされています。したがって、大阪経済では、新型コロナウイルス感染症のためにインバウンド観光客が激減した影響が大きかったと考えられます。

　大阪経済への新型コロナウイルス感染症蔓延の影響として、府民経済計算のデータから以下の2点がわかりました。第1は、大阪経済も日本全国の経済と同様に２０２０年に大きく府内総生産が減少したことです。この大阪の総生産の減少は日本全国と比較して大きいものでした。第2は、大阪の総生産の減少が大きかった原因は新型コロナウイルス感染症に伴うインバウンド観光客が激減したことによることです。ここから、インバウンド観光客の増加に伴い大阪経済も回復する

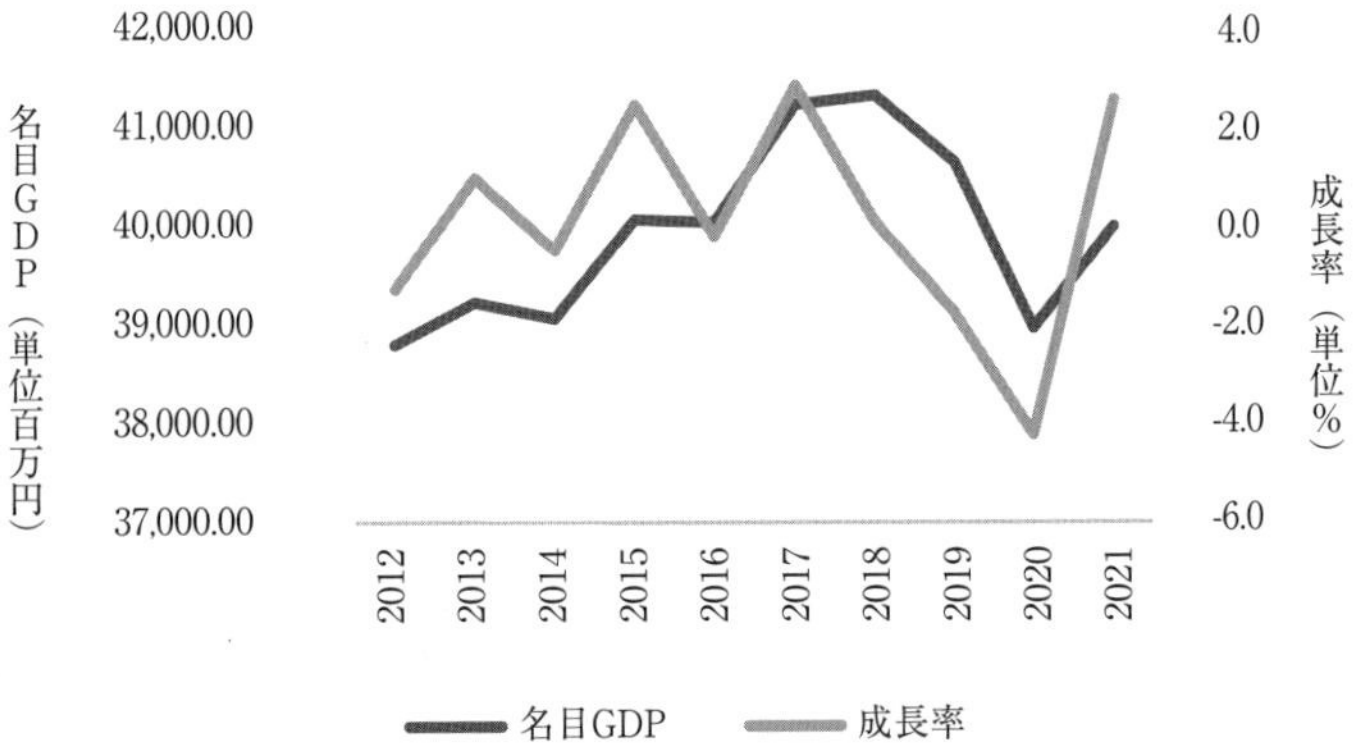

図6　実質大阪府民経済計算
出所:大阪府のホームページより著者作成

ことが推測されます。

4　中小企業の状況

高度経済成長期以前の中小企業は、廉価かつ豊富な労働力に依存していました。そのため、過度な競争が繰り返され、低利益かつ生産性が低い状況でした。高度経済成長期になると、需要超過のなかで中小企業は成長し、創業も活発化しました。また、労働力不足に伴う賃金上昇は価格に転嫁され、生産性も向上しました。しかし、バブル崩壊後の失われた10年の時代のなかで中小企業はその数を減らしています。これは、需要の減少に伴う競争の激化、経営者の高齢化と事業承継が困難であったことによります。とくに製造業や建設業、小売業が減少しており、これは地場産業や商店街の空洞化などのように暮らしのなかでも確認できるものです。

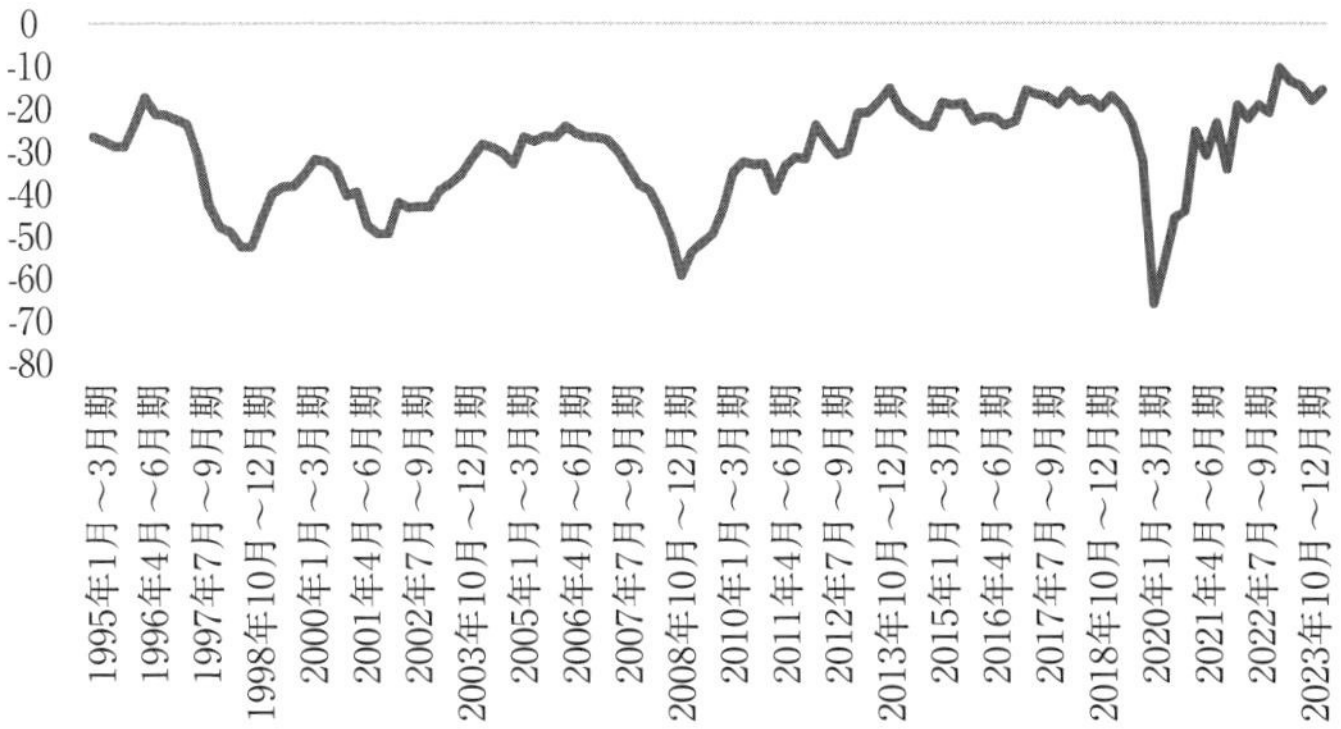

図7　中小企業の業況判断DI
出所：中小機構のホームページより著者作成

新型コロナウイルス感染症は、日本全体の需要の減少によって中小企業の経営が苦しくなり、その数が減っている状況で発生しました。この期間の中小企業の状況を中小企業の業況判断デフュージョン・インデックス（DI）によって確認します（**図7**）。なお、中小企業の業況判断DIは中小企業の経営者に業況判断をたずねた結果の「好転」から「悪化」を差し引いた値となります。

図7から、中小企業の業況判断も日本経済全体の動きに連動していることが確認できます。また、中小企業においてもリーマンショックと新型コロナウイルス感染症に伴うものが最大の業況悪化であったことも**図7**から確認できます。日本政府は新型コロナウイルス感染症対策として、雇用調整助成金の上限や助成率の引き上げ、月次支援金、事業再構築補助金、実質無利子・無担保融資など様々な政策を実施しました。これらの政策の効果として業況判断の悪化が緩和されたと考えられます。しかし、政策の効果にもかかわらず、業況判断は失われた30

年の期間で最も悪化したものとなりました。

中小企業への新型コロナウイルス感染症蔓延の影響として、業況判断ＤＩのデータから以下の2点がわかりました。第1は、中小企業の業況判断は日本経済全体の動きと連動していることです。第2は、日本政府が新型コロナウイルス感染症対策として様々な政策を実施したにもかかわらず、業況判断ＤＩは失われた30年の期間で最悪の数値となったことです。

5　おわりに

本章では、新型コロナウイルス感染症の蔓延の日本経済への影響を確認しました。ＧＤＰ、大阪府民経済計算、中小企業の業況判断ＤＩといったデータから、新型コロナウイルス感染症は日本経済に甚大な悪影響を与えたことが確認されました。しかしながら、新型コロナウイルス感染症ではリーマンショックよりも早く経済が回復していることもデータを見れば確認できます。これは、この経済の悪化が規制や自粛による需要と供給の減少に伴うものであり、規制や自粛がなくなれば元に戻る性質を持っていたことによると推測されます。今後、新型コロナウイルス感染症への対応として推進された情報通信技術の利用を奇貨として、生産性の向上に役立てることが望まれます。

参考文献・参考URL

今井亮一（2021）「2020年：コロナ感染拡大と日本経済」『九州大学留学生センター紀要』29巻。
今井亮一（2022）「2021年：コロナ禍と日本経済」『九州大学留学生センター紀要』30巻。
清成忠男（2014）「中小企業論100年」『日本労働研究雑誌』2014年8月号。
宮本又郎（2014）「大阪経済の歴史的眺望」『経済史研究』17巻。
NHK「感染症データと医療・健康情報」https://www3.nhk.or.jp/news/special/coronavirus/data-all/　2024年9月6日閲覧
内閣府「統計表一覧」https://www.esri.cao.go.jp/jp/sna/data/data_list/sokuhou/files/2024/qe242/gdemenuja.html　2024年9月6日閲覧
大阪府「大阪府民経済計算」https://www.pref.osaka.lg.jp/o040090/toukei/gdp/index.html　2024年9月6日閲覧
大阪府「観光統計調査」https://www.pref.osaka.lg.jp/o070070/kanko/toukei/index.html　2024年9月6日閲覧
中小機構「中小企業景況調査」https://www.smrj.go.jp/research_case/survey/　2024年9月6日閲覧

2章

事業性評価の本質的意義と令和の経営者の心構え

追手門学院大学経営学部教授　水野 浩児

1　アフターコロナにおける金融環境の変化と金融機関の支援体制

企業経営において欠かせないパートナーとして金融機関の存在感が一際大きくなってきています。金融機関を取り巻く企業支援体制は大きく変化しており、その金融機関の実務に大きな影響を与える金融庁の動向や中小企業信用保証協会をはじめとした支援機関の動きを知ることは、企業経営にとっても重要になりつつあります。

とりわけここ数年で、経営者保証や担保の考え方は劇的に変化しました。金融庁の方針においても、企業（事業）の将来性を見据えた融資を行う「事業性評価に基づく融資」が推奨されています。事業性評価に基づく融資とは、中小企業経営者と金融機関担当者の双方が、同じ目線で経営を考え、その企業（事業）の将来性（未来）に対して融資を行うものです。簡単に聞こえるかもしれませんが、非常に高度な判断・分析が求められるハードな支援です。ただ、これは金融機関の存在意義や地域金融の本質に基づいた融資であり、企業にとっても金融機関にとっても延命するために確立しなければならないスキームでもあります。

この取り組みを主軸としていくための周辺環境整備の一つとも言えるのですが、２０２４年８月に公表された金融行政方針では、金融機関による経営者保証への安易な依存をなくすことや、事業者の持続的な成長と中長期的な企業価値の向上を図るための支援が金融機関に求められています。[1] また、２０２４年3月8日には「『再生支援の総合的対策』の公表および事業者支援の徹底等について」という文書が金融庁・経済産業省・財務省の連名で公表され、ここでは、事業者を取り巻く状況変化の兆候をいち早く察知し、一歩先を見据えた対応を求めるなど、資金繰りに留まらない多様な支援の重要性が説かれています。具体的には、早期の経営改善・事業再生・再チャレンジ支援への着手や、コロナで経営状況が厳しくなった際に無担保無保証で借入を行った通称ゼロゼロ融資の返済支援などが挙げられます。

これらからもわかるように、金融機関の本質的業務が円滑にできる環境整備に国が注力しています。それだけ金融機関に対する期待が膨らんでいることを正しく理解し、企業側としても金融機関の支援を受けるための器を用意しておくことが肝要になっていくでしょう。

2　事業性融資推進法の制定

2024年3月15日に金融庁が起案した「事業性融資の推進等に関する法律（以下、事業性融資推進法）」が2024年6月7日に制定されました。これによって、企業の無形資産を含む事業全体を担保とする「企業価値担保権」が創設されるなど、斬新とも言える法整備がなされました[2]。

事業性融資法制定の主たる目的は、不動産担保や経営者保証に頼らない融資の推進と考えられています。加えて、大変意義深いことに、これまで理念や指針に留まっていた「事業性評価」が法律によって定義づけられたことも大きなポイントと言えるでしょう。

繰り返しになりますが、企業価値担保とは取引先企業の無形資産を含め、事業全体を担保することができる制度です。技術継承の困難な独自の技法などといったものも無形資産にあたり、これらを担保として融資推進をすることができるようになります。したがって、かたちのないものに価値を見出していくことになりますから、これまで進めてきた事業性評価以上に、事業の将来性やキャッシュフローの把握が求められます。

では、そういった無形資産の価値評価はどのように行われるのでしょうか。非常に定性的な話に聞こえるかもしれませんが、金融機関の渉外担当者と経営者とのコミュニケーションによってそれを正確に判断していくことになります。その対話の中から、無形資産の要素を含む事業全体の将来性を見据えて融資判断を行うことになるのです。金融機関の渉外担当者は、それを言語化したり定量化したりすることで価値転換を図り、評価できるように組み替えなければなりません。そのために経営者との効果的で丁寧な対話はもちろんのこと、核心をつくような充実したヒアリングを実現させることが求められます。

3　金融機関が注力する事業性評価を知る

２０２４事務年度金融行政方針や事業性融資法では、事業者支援の大前提として「事業性評価」が的確に行われていることを期待しています。事業性評価に基づく融資とは、金融庁が平成26年9月に公表した行政方針（金融モニタリング基本方針）において「財務データや担保・保証に必要以上に依存することなく、借り手企業の事業の内容や成長可能性などを適切に評価して、融資や助言を行うこと」と定義されています。

「事業性評価」という言葉が公表されてから10年以上経過していることや、コロナ禍によってこの取り組みが急速に実質化したため、事業性評価は金融機関内において深く浸透しています。その流れを汲むかたちで２０２４年6月に事業性融資推進法が制定されたことは「事業性評価」の理念が今後も重要視されることを意味します。簡単ではありますが、金融機関が取り組む「事業性評価」の基本的なプロセスをまとめると以下のようになります。

①金融機関職員が、取引先企業の「事実情報」の収集（把握）を行う。

②金融機関内部で検討を行い、「事実情報」を「評価情報」に転換する。
※このプロセスで、取引先企業の事業内容や成長可能性などを適切に評価することとなり、「事業性評価」を実際に行うことと同義になる。
③「評価情報」を経営者にフィードバックし、課題の共有や取引先企業のニーズの把握を行う。
④金融機関において支援体制を検討し、取引先企業の企業価値向上に役立つような融資または融資の組み換えを行う。

このプロセスにおいて最も核となるのは、①の「事実情報」の収集です。ここでいう「事実情報」には決算書だけでは紐解けないような実情も含まれており、金融機関職員と経営者との「対話」でしか引き出せないものがあります。そのため、④にたどり着くための源流ともいえる「事実情報」の収集は、事業性評価の成否を分けるものであり、それは金融機関担当者と経営者の「対話」の質にかかっていると言えるのです。

4　事業性評価を円滑に進める事業性評価の対話ツールとしてのローカルベンチマーク

では、その「経営者との対話」はどのように行うとよいのでしょうか。実際に金融機関担当者に話を聞いてみると、まずはじめに出てくるのは「どのように対話をしていいかわからない」といった悩みが圧倒的に数を集めます。やることは明確であるにもかかわらず、やる方法論が明確ではない点に現場は戸惑いを覚えているようです。

そういった実情を解消するため、平成28年3月に経済産業省は「ローカルベンチマーク（以下、ロカベン）」というツールを公表しています。加えて、ロカベンを上手に活用するためのマニュアルとして「ローカルベンチマークガイドブック」も公表されています。

ロカベンは、ワークシートに準じて記載項目を埋めていくことで、自然と金融機関職員が事業性評価において必要な情報が網羅されていくような形式になっています。すなわち、ロカベンの項目どおりにヒアリングを実施することで、必要な情報が得られ、結果的に対話の「質」が向上する仕組みになっています。また、「ロカベンガイドブック」はヒアリングに不慣れな若手金融機関職員やロカベンを使用したことのない企業経営者であっても簡単に概要を理解し、使用できるよう工夫を凝らしたマニュアルになっており、「事実情報」の収集ハードルを下げ、合理的かつ効果的に事実情報を把握できるきっかけを与える効能を有しています。

加えて、ロカベンは「事実情報」の収集に留まらず、事業性評価のプロセスに必要な「評価情報」のフィードバックにも有効活用することができるといった拡張性を有し、ロカベンガイドブックは金融機関の利用を前提とした「支援機関編」と企業経営者の利用を前提とした「企業編」に分かれており、金融機関職員支援に留まらず、企業経営者側の理解を深めるアプローチまで想定されていて、双方のリテラシーを向上させ、より対話を円滑にする仕掛けが施されているなど多様な使い方がある点も特徴的です。そのため、ロカベンには金融機関が必要とする情報を経営者から上手く引き出すための工夫が散りばめられていることから、「共通言語化」の役割を担うツールとも言われています。

5　金融庁が公表した「業種別支援の着眼点」

ロカベンは、金融機関と企業経営者をつなぐツールとして有用ではあるものの、業界を問わず通用するように一般化されているため、一部業界では馴染まない部分があったり、独自の商慣習があることなどに起因し、金融機関職員に前提知識がないとヒアリングの質が伴わないことが生じてしまいます。そのため、すべての業界において「何を聞いていいかわからない」を解消するような万能薬とはいえず、専門性の部分において課題が露呈していました。

そうした実情を少しでも緩和するための措置として、金融庁は事業者支援のニーズが予想される業種を中心に、効率的かつ効果的に経営改善支援につなげられことを日的とした新たな事業者支援ツール「業種別支援の着眼点」を2023年3月30日に公表しました（**図1**）。

「業種別支援の着眼点」は、文字どおり業種別の特性に応じた支援ノウハウ等を整理したマニュアルです。筆者は「業種別支援の着眼点」の作成に携わり、「ロカベンガイドブック」の編集にも関与したのですが、双方とも、取引先の事業支援を行いたいという熱意を持ちつつも、どのように進めてよいか悩み、経営者への打診の仕方などに一定の緊張感を持っている金融機関職員の背中を

『業種別支援の着眼点』について

■ 地域金融機関等の現場職員が円滑に事業者支援に着手できるよう、支援のノウハウ・知見を業種ごとに整理した「業種別支援の着眼点」を取りまとめ。令和４年度は５業種（建設、飲食、小売、卸売、運送）の「着眼点」を整理。

■ 令和５年度は、新たに３業種（サービス、製造、医療）の「着眼点」を追加。動画や勉強会等を通じて、地域金融機関等の現場の浸透に向けた普及を促進。

（※１）2022年度は公益財団法人日本生産性本部を委託先とする委託調査事業（「業種別の経営改善支援の効率化に向けた委託調査」）として実施。

（※２）2023年度はメディアラグ株式会社を委託先とする委託事業（「業種別支援の着眼点の拡充や普及促進に向けた委託事業」）として実施。

（※３）『業種別支援の着眼点』PDF版・PowerPoint版及び動画については、以下のリンク先にて公表。

URL：https://www.fsa.go.jp/policy/chuukai/gyousyubetu.html

「業種別支援の着眼点」のコンセプト

Concept 1　**事業者支援の着手（初動）**を適切に実施するための**基礎的**な着眼点

Concept 2　金融機関等の現場職員が**手に取りやすい**分量/レベル

Concept 3　フロー図や写真等による**直感的に理解しやすい**ビジュアル

➡ 「教科書」や「正解」を示すものではなく、それぞれの組織・個人において、用途に応じた工夫を加えながら活用できる「出発点」としての役割を期待。

『業種別支援の着眼点』ページ例

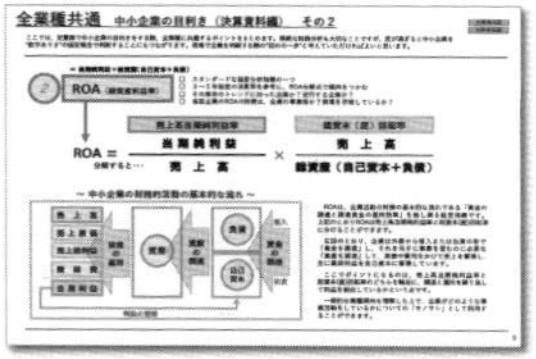

想定される活用場面（イメージ）：着手する際のポイント

事業者訪問前
＜着眼点＞
・決算資料等の分析ポイント

訪問時
＜着眼点＞
・実地で確認すべき事項
・事業者との対話の切り口

訪問後
＜着眼点＞
・支援の方向性の検討

事業者支援の具体化
初動対応後のフェーズへ
・事業者等との経営課題の認識共有
・経営課題に応じた支援策の検討・実施
など

図1　『業種別支援の着眼点』について
出所：金融庁「業種別支援の着眼点」説明資料より（2023年3月）

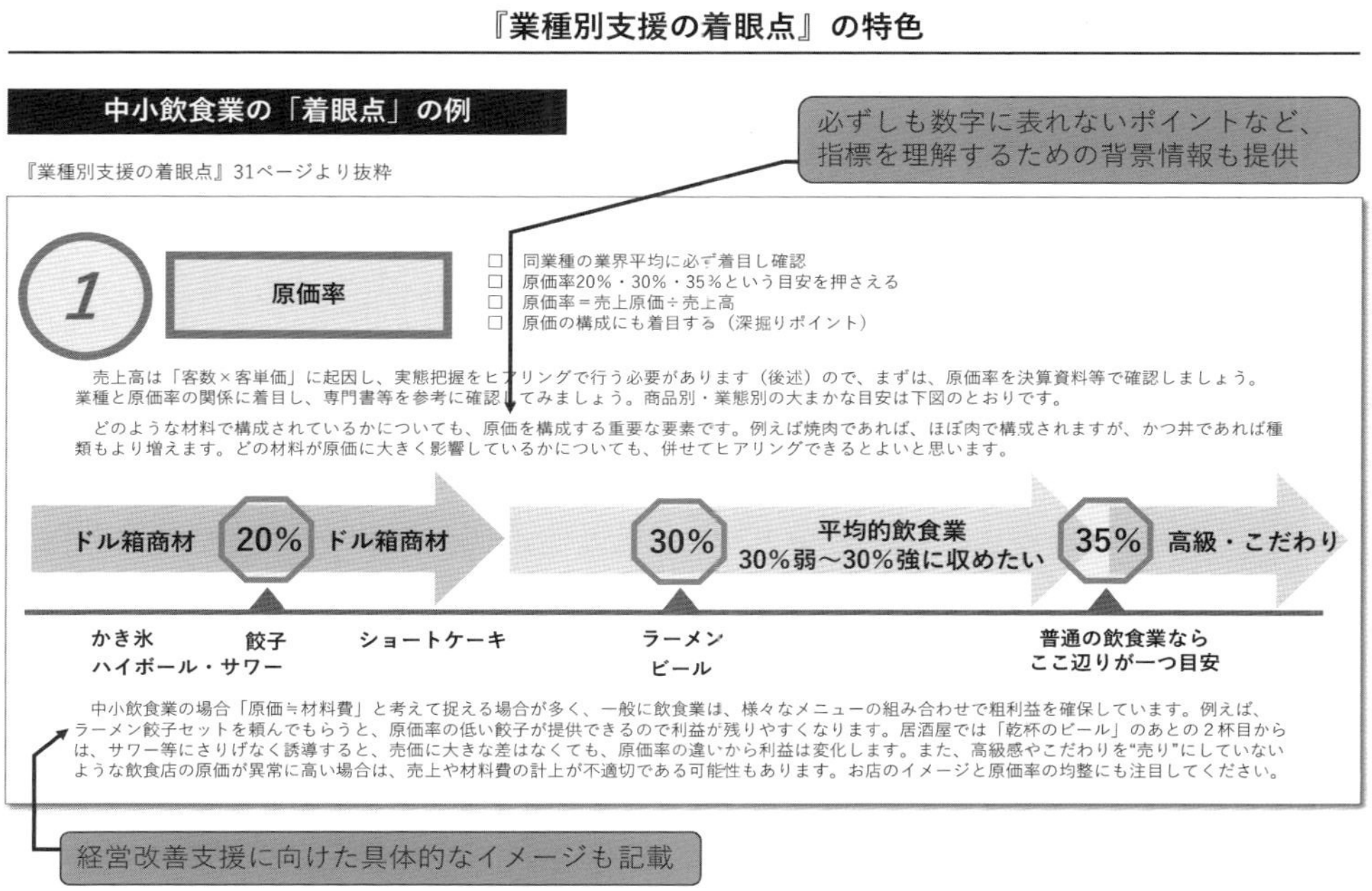

図2 『業種別支援の着眼点』の特色
出所：金融庁「業種別支援の着眼点」説明資料より（2023年3月）

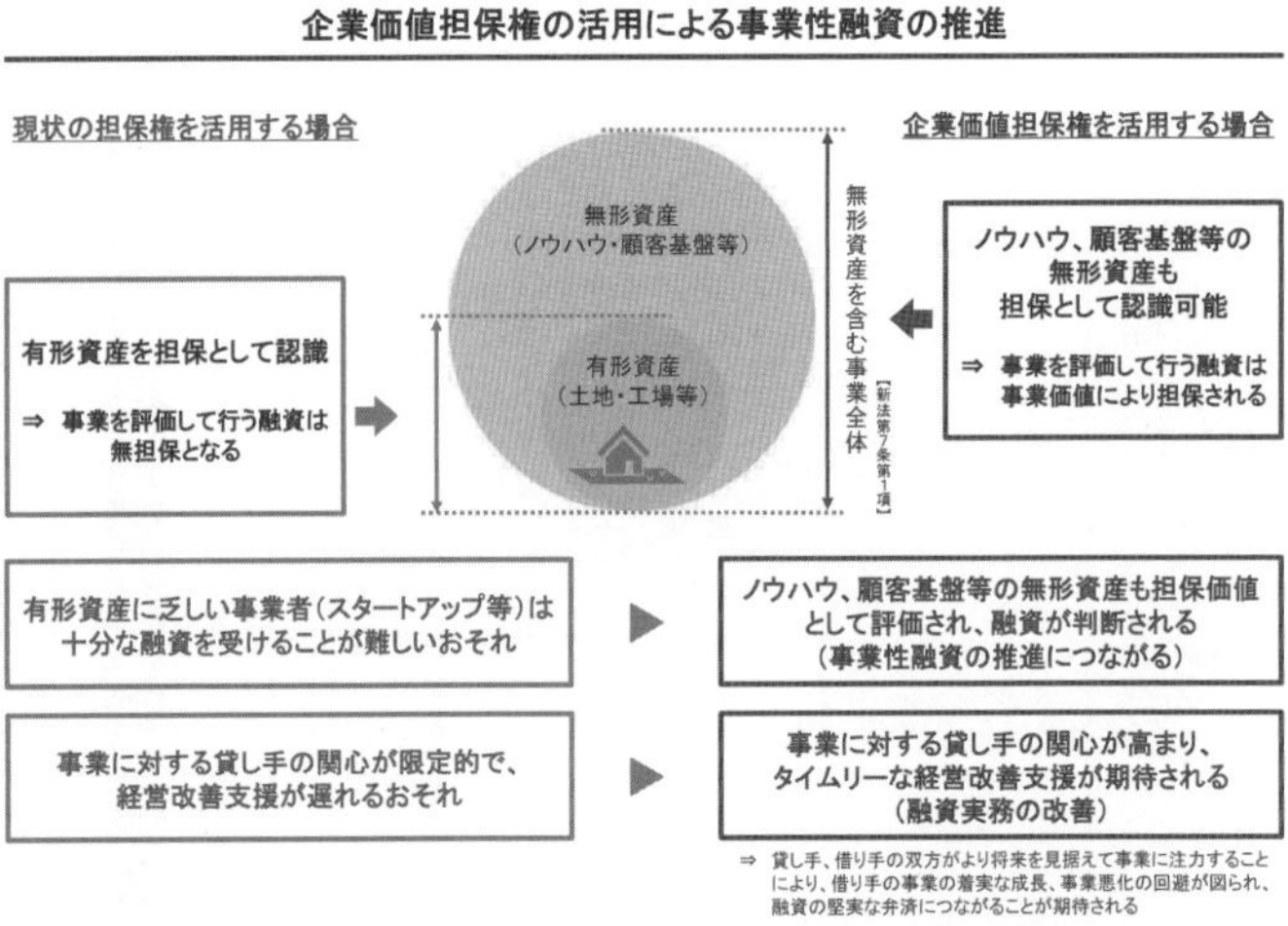

図3　企業価値担保権の活用による事業性融資の推進
出所：金融庁「事業性融資の推進等に関する法律案 説明資料」（2024年3月）より

「確実に押してあげること」を念頭に置いて作成しています（図2）。加えて、企業経営者にも目を通してもらうことで、金融機関職員に歩み寄ってもらう状況を作ることも想定しています。副次的かもしれませんが、自らの経営を客観視するものとしての利活用も可能ではあるため、結果的に経営者としてのスキル向上にもつながります。

6　今後の発展的な課題と担保の考え方の変化

金融実務などの観点に鑑みれば、事業性融資推進法において「事業価値担保権」という新しい担保概念が登場したことで、貸出金債権の考え方に変化が出てくることが予想されます[3]（図3）。

これまでの担保とは「回収のため」の意味

合いが強くありましたが、これからの担保は「生かすため」の意味合いにシフトしていくものと見ています。回収のための担保という考え方は、経済成長や人口増加時代においては、ビジネスモデルとして機能し、かつ、効果的でした。そのため、不動産担保や有力な保証で「保全されている債権」は回収可能性が高く、評価もされてきました。不動産担保や保証による「保全」によって確実に回収できる資金（資本）を、新たなビジネスや異なる企業に融資することで、資本が効率的に回り、新たな資本を生み出していたため、金融機関にとっても非常に都合がよい循環を生み出していました。それ故に、経営状況の悪い企業から資金を引き揚げ、経営状況の良い企業に融資を行うことは、双方が成長する（収益を上げる）スキームとして良好に機能するものと捉えられ、「回収のための担保」に価値が見出されるのは、当然のことだったと言えるでしょう。

しかし、経済不況や人口減少時代に移り変わったことで、このビジネスモデルや好循環を生み出すスキームに限界が生じます。「回収のための担保」によって保全を図っても、次に貸し出す事業者が簡単には見つからない状況になったからです。特に、人口減少に歯止めの効かない地域を基盤とする地域金融機関にとっては、「回収のための担保」による事業展開は、自らの経営基盤を毀損させることにつながり、自らの首を締める結果になってしまいます。

企業価値担保権は、金融機関および企業経営者の双方が将来を見据えて事業に注力することで、着実な事業成長と、事業悪化回避を図ることができ、融資そのものが着実な弁済につながることが期待される「生かすための担保」と言えます。企業価値担保権は、金融機関と事業者が「一緒に走るイメージ」を双方が持つことが成功の鍵と言え、それはまさに「生かすための担保」の核となる考え方です。事業性評価や伴走支援の考え方が定着したこのタイミングで事業性融資推進法が制定されたことを意義深いと表現したのはこのためです。

令和の時代において、持続可能な経営を続けることが地域経済の安定化や活性化にもつながると考えられます。そのためにも企業価値担保権による融資の確立は、地域経済の核となる企業を助けるだけでなく、地域金融を担う金融機関が有機的に働くことにも効果を及ぼします。「自分だけが儲かればいい」、「自社が倒産しなければよい」といった考えは随分と前時代的な発想と言っても過言ではありません。ともに成長することが当たり前の時代に何をするべきか。金融機関の存在意義が問われると同時に、いつまでも大上段に構える経営ではなく、ともに地域や経済を発展させる「仲間」として手を取り合うような経営が求められるのではないでしょうか。

注

[1] 金融庁「2024事務年度金融行政方針」2024年8月30日公表。事業者の持続的な成長を支援を促し、経営者保証に依存しない融資慣行の確立を明記している。

[2] 水野浩児「企業価値担保権の利活用とそのねらい」『銀行法務』21第913号28頁（2024年6月）に詳しく論じている。

[3] 水野浩児「債権の良質化の新展開」経済法令研究会（2023年3月）に生かす担保の考え方について詳しく論じている。

3章

中堅・中小企業におけるＤＸの要諦

追手門学院大学経営学部教授　中野　統英

1　ＤＸとものづくり戦略

本章では、筆者が取り上げた株式会社村上衡器製作所（以下、村上衡器）および株式会社ユニテック（以下、ユニテック）といったものづくりに関連する内容とします。前半は今回のテーマでもある「アフターコロナの戦略」について解説しつつ、筆者が取り上げた2社とＤＸの関係について言及します。また後半では村上衡器の関連事項として、ナノテクノロジーなどといった先端産業の発展に不可欠な「キログラムの定義改定」について述べることとします。

ＤＸについて経済産業省の定義[(1)]を参照すると「企業がビジネス環境の激しい変化に対応し、データとデジタル技術を活用して、顧客や社会のニーズを基に、製品やサービス、ビジネスモデルを変革するとともに、業務そのものや、組織、プロセス、企業文化・風土を変革し、競争上の優位性を確立すること。」とあります。つまり企業活動にかかわる全ての事項に関連しています。

2　中堅・中小企業におけるアフターコロナの戦略

(1) 感染症時代のものづくり戦略[2]

まず感染症時代のものづくり戦略として、以下の事項を挙げることができます。

①「見える災害」と「見えない災害」への対応

「見える災害」は地震・水害などの災害で工場内部が物理的に被災する災害のことであり、日本企業はこれまでに生産現場やサプライチェーン（以下、SC）のロバスト性を構築して対応してきました。コロナ禍で発生した「見えない災害」は被災しているのが工場の外であり、企業の対策としては水攻めにあった城の防衛に近いイメージとなります。ここでは「感染防止能力」と「代替生産能力」が対策として要求されます。村上衡器ではテレワークで代替できない業務が多かったのですが、マスク支給や社員の自動車出勤（社用車貸出や同方面での乗合を含む）で乗り切りました。

②サプライチェーンと国内工場の存在感上昇

日本の優良工場ではコロナ禍以前においても「見える災害」に対する「復旧能力」のみならず、「見えない災害」への「防御能力」についても他国に比べて相対的に高かった可能性があります。

今回の災害で「兵站線の長いグローバルSCから地産地消のローカルSCへ」という声も上がっていますが、これまで通り平時にベストなSCを構築し有事において災害対応による変更を柔軟に行えばよいという考えもあります。ユニテックでは、エンジン耐久試験を受注するメーカーのSC混乱でエンジン部品のいくつかが代替品になり、その影響から耐久試験業務の受注が増大しました。

③感染症時代のデジタル製造

コロナ禍の発生以前からものづくりのデジタル化は既に進行しており、新たな段階に入りつつありました。ここでのキーワードは「遠隔制御」になり、具体的にはインダストリー4・0[1]などになります。日本国内の優良工場では多くの場合、多能工のチームワーク力を蓄積してトヨタ方式などの「統合型」ものづくりにあたる能力を磨き上げ「変種変量変流生産」などの複雑なシステムを構築することで「設計の比較優位」を築いてきました。

(2) アフターコロナにおける製造業サービス化の3つの流れ[3]

アフターコロナにおける製造業のサービス化において次に挙げる3つの流れが注目されていますが、全てDX化が不可欠なものばかりです。

①コンビニ工場：ものの生産および機能を最終消費地近くでサービス化

顧客が足を運ぶことができる場所に生産・サービス拠点を設けることできめ細やかな顧客サービスはもちろん、製品の修理やリサイクルなども可能にするものです。家具や園芸、住宅関連の

ＤＩＹ業界で先行しています。またコピー機とそれらのメンテナンス業務やスマートフォンと街中の携帯ショップなど、ものが持つ機能をサービス化すると、ものを販売した後でも利益を得ることができます。

②シェアリング工場：生産プロセスの一部をサービス化

高度・高額な生産プロセスなどの一部を集約することで需要変動を吸収し、スケールメリットにより利益を出す業態です。クリーニング業界のようにクリーニング作業を工場で一括して行い、街中の店舗は窓口業務に特化する戦略です。金属部品の表面・熱処理などがこの業態になります。

③コネクテッド工場：つながることで自分自身をサービス化

個々の企業が持つ製品やサービスがＳＣ全体の中でどこを担っているのかを把握してＳＣの一部に組み込むことにより、自身が持つ独自技術をＳＣに載せて提供する戦略です。製品の価値と同じレベルで、つながることの価値を定量化して管理する点が、従来の「つながる工場」と異なります。

3　筆者が取り上げた2社について

ユニテックは内燃機関の耐久試験を主に行っています。自動車などの業界では研究開発のＤＸ化により内燃機関の研究・開発の分野でもコンピュータ・シミュレーションが使われていますが、最後は公的認証を受けるためにも実機による試験が不可欠となります。この会社については第２部6

章で詳述しますが、アフターコロナにおける製造業のサービス化については前述の（2）②と③が当てはまるかと思います。

村上衡器では天秤や分銅の製造および分銅などの質量校正・検査を行っており、精密な計測・加工技術が不可欠となります。この会社が行う業務には半導体製造技術などDX化においても不可欠な技術が多々あり、様々な産業分野で欠かすことができないものになっています。この会社の場合、アフターコロナにおける製造業のサービス化についても前述の（2）②と③が当てはまるかと思います。これらのうち特に（2）③については、産業総合研究所 計量標準総合センターを通じてキログラムの世界規格とつながっています。この会社については第2部3章で詳述しますが、この会社が持つ独自技術の素晴らしさを理解いただくためにもここで「キログラムの定義改定」について詳述します。

4　キログラムの定義改定について(4)-(7)

(1)　キログラムの変遷について

キログラムという単位は、およそ230年前のフランスが起源です。当時フランス国内だけでも数百もの異なる質量の単位が使われており、大変不便でした。そこで世界共通の質量単位となるキログラムを作ろうという提案が行われました。1kgがどれくらいの質量かを決める方法として、世界中どこにでもある水の質量を基準とすることが提案されました。そこでフランス人研究者が当時の最新技術を駆使して水1Lの質量を測定しました。その結果をもとに、1kgは水1Lの質量として決められました。これがキログラムの誕生です。

まずキログラムはフランス国内で使われ、その後1889年に国際的な単位として使われることになりました。その際、水1Lよりも正確に1kgを決めるために、国際キログラム原器という分銅が作られました。ただし国際的な質量の基準がフランスにしかないのは不便ですので、その複製が世界各国に配布され、日本にも送られています。これが日本国キログラム原器です。

長らく国際キログラム原器が用いられてきましたが、問題点が出てきました。実は表面の汚れなどでこの国際キログラム原器の質量が百年間で1億分の5kg変化した可能性のあることがわかりました。また重さの定義は、2018年時点でSI単位系[2]により定義されている7つの単位[3]のうち原器に依存する唯一の基本単位となっていました。例えば長さは光の速さから定義されるように、ほかの単位は基礎物理定数や物質定数から定義されています。そこで、「原器」ではないもので1kgの質量を再定義することが検討されました。

(2) どのように決めるのか

2011年に、将来国際キログラム原器を引退させプランク定数という物理学の定数で1kgの質量を決めることが国際的に合意されました。プランク定数は、世界中どこでもかかわらず時間とともに変化しないため、極めて安定な質量の基準となると考えられたためです。ただし、この時点では、このプランク定数の正確な値がよくわかっていませんでした。そこで、世界各国の研究機関でこのプランク定数を正確に測定するための研究開発が行われました。目標としたのは、前述したキログラム原器の誤差である1億分の5よりも良い精度でプランク定数を測定することでした。

実はこの質量の再定義のために、プランク定数とともに物質量（原子の個数）に関する基礎物理定数であるアボガドロ定数[4]についても再定義が必要となりました。結果的には国際単位系の7つの基本単位のうち質量、電気素量、熱力学温度および物質量の4つの定義を同時に改定することになり、実際に2019年から改正・施行されました。

キログラム定義の詳しい方法は割愛しますが、大きく分けて2つのプロセスからなります。まずキッブルバランス法で電流、磁場および重力などの関係を用いた実験を行い、長さ、質量および時間に関する測定値からプランク定数を求めることができました。また国際アボガドロプロジェクトでは、X線結晶密度法を用いて質量数28の超高純度シリコン1kg球体から誤差の少ない正確なアボガドロ定数を求めることにより、そこからプランク定数を求めることができました。なおこのプロジェクトでは、日本の産業技術総合研究所が大変大きな役割を果たすことができました。

これら2つの測定方法で求められた8つのプランク定数およびそれらの誤差を考慮して、調整値$h=6.626\ 070\ 150\times10^{-34}$Jsが決定されました。これを基にキログラムの定義がなされることとなりました。同時にプランク定数やアボガドロ定数に関するキログラム以外の3つの国際単位系単位である電気素量、温度および物質量についても同時に定義改定がなされました。

７つの国際単位系のうちのあと3つについて述べておきます。長さ［m］は光の速さ、時間［s］はセシウム１３３原子に関する物質定数、光度［cd］は単色放射光の強さに関する基礎物理定数ですので、全て原器のような「もの」とは関係がありません。今回の定義改定による効果は色々とありますが、大きくは「原器の変質・破損という致命的リスクから解放される」ことと「７つの標準単位による『単位系』システムの整合性・信頼性が向上する」ことが挙げられます。詳細は割愛しますが、後者については電気素量や物質量の定義に存在した曖昧さがなくなったことによるものです。

なお、いつも使っているはかりや分銅など普段の生活への影響は全くありません。定義が変わる前との決定的な違いは、国際キログラム原器の質量がちょうど１kgではないことです。２０２１年10月時点で、プランク定数を基準としてその質量は0.999 999 998kgで、不確かさは20μg（マイクログラム）と決定されています。

5　新たな定義がもたらすもの(4)-(7)

これまでのキログラム原器を用いた方法だと、大きな質量の測定では原器の値を基準に倍量・分量し、小さな質量の測定では原器の値を分割して測定していました。こういったプロセスのたびに不確かさが累積されますので、１kgから離れた測定結果ほど相対的な不確かさが増大します。

新たなキログラムの定義だとプランク定数を基に任意の質量を精密に測定することが期待できるので、高精度な測定が可能となります。例えば、長さの定義がメートル原器から光の速さになることにより、天体間距離のような長大なスケールからナノテクノロジー関連の微小なスケールまでの広範囲で高精度な測定が可能になったことと同じです。

具体的な影響としては、まず微小質量の測定が挙げられます。例えば新薬の開発段階では極めて微量で高価な物質を扱うことが多いので、より少ない量で評価できれば開発コストや期間の短縮ができます。また半導体製造やナノテクノロジーなどの分野では、長さだけでなく質量計測によってもデバイスの製造工程を管理することが可能になります。さらにインクジェット技術ではインク滴（約1ナノグラム）を直接計測できるようになりますので、それらの定量化や制御などに役立てることが可能となります。これら以外にも、今までできなかった微小な力やトルクの計測も可能となります。今後は薄膜の質量計測や環境計測など様々な分野への応用および発展が期待されています。今回の定義改正により、微小な質量を高精度で測定する技術に関連する様々な技術創出のトリガーとなることが期待されています。

6　まとめ

本章では前半でコロナ禍やものづくりとＤＸの関係性について述べ、後半では村上衡器に関連する「キログラムの定義」について言及しました。ＤＸ化が進行していても実際には実験や加工、校正といった「人の手」が不可欠になることが、今回の取材等を通じ改めて認識できました。特にものづくりの現場では、最後にはＤＸとものの間に人が介在することになります。ちなみに超精密レンズの加工工程など、自動化・ＤＸ化できず職人でしかできない仕事もあります。

詳しい話は2部の3章と6章でも述べますが、ものづくりの現場では「ＤＸ化」と「現場人材」の両輪で業務を効率的に行っているところが多いように思います。特に中堅・中小企業では、会社自体の機動力の良さを生かしてこれら両輪を上手くバランスさせながら業務を行うことが良いのではないかと筆者は考えています。

注

[1]　2011年にドイツ政府が発表した先進的な産業政策のことで、「第4産業革命」とも呼ばれる。クラウドコンピューティングやＡＩ、ＩｏＴなどのテクノロジーを駆使して製造業を進化させるためのビジョン。

[2]　現在広く使われている国際単位系（ＳＩ：International System of Units）であり、キログラムはこの中での質量の基本単位として定義されている。

[3]　7つの基本単位は距離のメートル［m］、時間の秒［s］、質量のキログラム［kg］、電気素量のアンペア［A］、熱力学温度のケルビン［K］、物質量のモル［mol］および光度のカンデラ［cd］からなります。

[4]　物質量1molを構成する粒子（分子、原子、イオンなど）の個数を示す定数です。国際単位系（ＳＩ）における物理量の単位モル

〔mol〕の定義に使用されています。その値は、現在は正確に6.022 140 76×10^{23} mol^{-1}と定義されています。

参考文献・URL

(1) 経済産業省：デジタルガバナンス・コード２・０　https://www.meti.go.jp/policy/it_policy/investment/dgc/dgc2.pdf（最終参照日　２０２４年9月13日）
(2) 藤本隆宏（２０２１）：「感染症時代のものづくり戦略」『日本機械学会誌』Vol. 124, No. 1226, pp.8-11.
(3) 西岡靖之（２０２１）：「〝つながるものづくり〟による未来の製造業」『日本機械学会誌』Vol. 124, No. 1226, pp.16-19.
(4) 臼田孝（２０１８）：『新しい1キログラムの測り方 科学が進めば単位が変わる』ブルーバックスB-２０５６、講談社。
(5) 産総研 質量標準研究グループ：質量の単位「キログラム」、https://unit.aist.go.jp/riem/mass-std/Kilogram.html（最終閲覧日　２０２４年9月13日）
(6) 倉本直樹（２０１９）：「基礎物理定数に基づくキログラムとモルの新たな定義―さらばキログラム原器―」『計測と制御』Vol. 58, No.5, pp.330-335.
(7) 藤井賢一（２０１９）：「プランク定数に基づくキログラムの新しい定義がもたらすもの」『計測と制御』Vol. 58, No.5, pp.336-340.

4章

組織目的実現のためのマネジメント・コントロール・システム

追手門学院大学経営学部准教授　井上　秀一

1　はじめに

山口（2024）によれば、近年、中小企業が直面する経営課題は厳しさを増し、主な経営課題として、①事業基盤の安定性確保、②後継者（経営人材・承継企業）の安定的確保、③従業員の安定的確保と生産性向上、④物価上昇（特に企業物価の上昇）への対応という4点が挙げられています。さらに、中小企業がこのような経営課題に対処し、競争力を向上させるためには、管理会計を効果的に活用していくことが極めて重要であると指摘されています[(1)]。本章では、中小企業の特徴に触れながら、組織目的を実現するための仕組みとして、マネジメント・コントロール・システム（以下、MCS）を解説します。規模や業種にかかわらず、どのような企業においても、存在意義

（パーパス）、経営理念（ミッション）、経営方針（ビジョン）などの達成すべき組織目的が存在します。どれだけ崇高な目的であったとしても、それを実現できなければ絵に描いた餅となるため、一人一人の従業員が目的の実現に向けて行動するための仕組みとしてＭＣＳが必要です。

2　ＭＣＳとは

ＭＣＳの主要なフレームワークにはAnthony, Merchant, Simonsがあり、三者それぞれがＭＣＳを、階層、対象、方法の異なる視点から捉えていると言われています。[(2)] 例えばAnthonyは、ＭＣＳを、戦略計画とオペレーショナル・コントロールの間に位置づけ、組織目的を実現するために、ミドルマネジャーが資源を有効活用しながら組織構成員に影響を与えるプロセスと捉えています。[(3)]

Merchant and Van der Stede（２０１７）は、ＭＣＳを、従業員が組織の目標・戦略に一致した行動や意思決定を行うことを確実にするために、マネジャーが用いるすべての仕組みと捉えています。業績評価やインセンティブの付与などの財務数値に基づく結果コントロールだけでなく、業務マニュアルなどによる行動コントロール、採用や研修などの人事コントロール、組織文化の醸成を中心とした文化コントロールなどの非財務的なコントロールも駆使して、従業員が組織目的の実現に向けて行動するように促すことが特徴です。[(4)]

Simonsは、ＭＣＳを、マネジャーが組織活動のパターンを維持または調整するために利用する、情報ベースの公式的なルーティン及び手続きと捉え、信条システム、境界システム、診断型コントロール・システム、インタラクティブ・コントロール・システムという4つのコントロール・レバーを提唱しています。[5] 信条システムは、経営理念やクレドであり、それらを通じて従業員の目指すべき方向性が示されます。境界システムは、組織として許容される行動の領域やルールを定めることであり、従業員はその行動を取るべきなのか否かを認識できるようになります。診断型コントロール・システムは、事業計画や予算管理など、目標と実績を比較し、是正行動を促すことです。しかし、トップダウンのコントロールだけでは、トップが認識していない事象には対応できないため、インタラクティブ・コントロール・システムと呼ばれる、トップと現場の双方向のコミュニケーションを通じて、不確実性の高い市場環境に合わせて、戦略を修正する必要があります。

MCSは海外の先行研究で提唱されたものですが、我が国でも議論されています。例えば、澤邉・飛田（2009）は、日本企業の特徴を反映したMCSの理念型として、会計コントロール、理念コントロール、社会コントロールの3つが想定されています。会計コントロールは、組織全体の目標だけでなく、個人や各部署の責任と実績を可視化するプロセスを通じて、経営目的の実現を図るアプローチです。理念コントロールは、その企業の一員として、どのような判断や行動が正しいのかを理念的に指し示すことを通じて、従業員一人一人の行動を経営目的の実現に向けて誘導するアプローチです。社会コントロールは、アフター5でのコミュニケーションなど、社会関係を重視し、それを通じて経営目的の実現を図るアプローチです。[6] このように、MCSでは、管理会計を中心とした会計コントロールだけでなく、その企業の理念、文化、価値観などに基づく理念コントロールや、アフター5での懇親会などの社会コントロールも駆使して、従業員一人一人の行動を把握し、従業員満足度を高めながら、組織目的の実現に向けて組織をコントロールします。

3　中小企業におけるMCS上の課題

我が国における中小企業の管理会計の特徴について、本橋（2015）は次の4点を指摘しています。「①経営資源（人・金・物）が十分でなく、そのため特に資金繰り・資金管理に余裕がない。②予算管理などの月次ないし四半期の短いサイクルでの業績管理の仕組みが不十分である。③正確な売上高や仕入高、売上原価などの管理がきちんと行われていない。④部門別業績管理が十分に行われていない」（55頁）[(7)]。また、中小企業における管理会計の導入状況について、例えば、山口（2019）では、新潟県燕三条地域、東京都大田区、大阪府東大阪地域の3つの産業集積地域を対象とした郵送質問票調査を通じて、回答企業のうち、損益測定と資金管理を約8割が、原価計算を4社に3社程度が、原価管理、予算編成、業績評価を約5割が導入していると報告されています[(8)]。このように、中小企業で管理会計を導入することは、経営資源の観点から一定の制約があり、MCSで想定されているような会計コントロールは、十分には行われていません。

さらに、国税庁「令和4年度分 会社標本調査 第11表 法人数の内訳」によれば、単体法人の

98・5%が同族会社であると報告されています。[9] 同族会社は、海外の先行研究においてファミリービジネスとして議論されており、オーナーシップ、ファミリー、ビジネスの3要素から構成される特徴的な組織であると言われています。[10] 3要素間の利害調整は、事業承継やMCSにも大きな影響を及ぼします。例えば、後藤（2012）は、沖縄県を対象とした郵送質問票調査を通じて、ファミリービジネスの強みとして、迅速な意思決定・行動及び責任感の強さなどを指摘し、弱みとして、公私混同、社長に頼りがち、独断的、公平感の阻害などを指摘しています。[11] そのため、中小企業のMCSは、三要素の影響を考慮しながら、どのように設計・運用するかが重要となります。

4　中小企業におけるMCSの効果と展開例

中小企業にMCSとして管理会計を導入した場合の効果について、澤邉ほか（2015）では、中小企業において管理会計がどの程度価値があるのかについて、9会計事務所の中小企業のクライアント364社が分析され、経営者の意欲や能力を考慮した上でも、管理会計が中小企業の財務業績にプラスの影響力があることが示されています。[12] 牧野（2021）は、北海道の中小企業727社を対象とする郵送質問票調査を通じて、中小企業におけるMCSの導入促進要因として、①企業規模の拡大、②コスト・リーダーシップ戦略、③外部専門家の知識を利用した経営者の意思決定の3点を指摘しています。加えて、牧野（2021）は、MCSの中でも顧客管理システムの導入が、中小企業の業績に正の影響を与えていることを明らかにしており、限られた経営資源を活用するためには直接顧客を管理することが有効であり、また、地域ネットワークを重視する企業が多いことをその理由として挙げています。一方で、市場や顧客のニーズの予測が困難なほどMCSの導入が抑制されることも指摘しています[(13)]。

このように、中小企業に管理会計を導入することは、業績に対して一定の効果がありますが、実際にどのように導入されているのでしょうか。例えば、飛田（2020）では、奄美大島開運酒造を事例として、これまでトップダウン・ワンマンであった創業者の体制から、社外取締役制度の導入を含むガバナンス体制の構築や、中期経営計画、年次予算、生産管理システムなどから構成されるMCSが、事業承継を契機として整備されていくプロセスが示されています。その際に、事業承継者が、創業家としての立場と経営者としての立場をバランスさせたことや、グループ規模や事業領域の拡大に合わせて、創業家としてのイニシアティブの下、MCSの整備に伴う形式化・公式化が推し進められていることが明らかにされています[(14)]。

飛田（2020）の事例では、事業承継者やその社員が管理会計の重要性を理解し、学ぶ体制があったことが導入の促進要因の一つとして示唆されていますが、関連して中島（2020）は、管理会計の導入や見直しの機運が高まることを促進させる要因として次の3点を指摘しています。「①事業承継者が事業承継以前から管理会計の重要性を理解し、管理会計を学ぶ意欲があり、そのための環境が整備されている。②現経営者も管理会計の重要性を理解し、管理会計の導入を側面からサポートする。③事業承継者以外にも管理会計の重要性を理解し、管理会計の導入を事業承継者と共に一緒に進められる人材が社内にいる」（41－42頁）。[15]

さらに、吉川（2021、2023）は、株式会社ヤスダモデルを事例として、事業承継プロセスが進展するにつれて、後継者がどのように経営知識を習得し、MCSが構築されていったのかを明らかにしています。金融機関のような外部のアドバイザーを通じて事業承継者がMCSの重要性について理解することや、管理会計の重要性を認識し、事業承継者の右腕となる存在が社内にいることが肝要であり、一方で、職人気質の年配従業員の存在が、MCSの社内導入の阻害要因となっていたことも指摘されています。[16] さらに、現経営者は、経営改善計画や事業計画策定プロセスにおいて、後継者との考えのズレを調整するために、社長の心得として、計数管理の重要性について、文書で整理して後継者に示していたことが報告されています。[17]

以上の先行研究では、事業承継を契機として、会計コントロールを含めたMCSの導入が進められていますが、その要因としては、現経営者と後継者がMCSの重要性を認識しており、実際に設計・運用プロセスを推進する際に、社内に協力者がいることが示唆されています。現経営者と後継者の両方がMCSの重要性を認識していなければ導入されず、さらに社内にそれを推進できる人材がいなければ、社内の調整が困難になり、導入が進まないと考えられます。MCSは、組織目的を実現するための重要な仕組みですが、社内環境を大きく変えるパワーがあるため、その導入には、経営者の理解だけでなく、従業員一人一人に協力してもらえるような組織づくりが必要不可欠です。

5 おわりに

本章では、組織目的を実現するための仕組みとしてMCSを解説しました。MCSは、理念をはじめとした組織目的を実現するために、方針や戦略を策定し、具体的な計画を立てて管理していく際に、従業員一人一人に影響を与えるプロセスです。企業は目的適合的に経営される必要があり、どのように優れたMCSであったとしても、目的がなければ適切に運用することができません。また、組織目的はそれぞれの企業で異なることから、すべての企業に役立つ唯一無二のMCSも存在しません。組織目的に合わせてMCSも修正され、それぞれの企業にとって最適なMCSが模索されるべきです。中小企業では事業承継や物価上昇など目先の問題が山積していますが、そのような不確実性の高い環境だからこそ、組織目的を振り返り、MCSの整備も含めて、目的適合的な体制が構築されているか、今一度確認する必要があるといえます。

参考文献

(1) 山口直也（2024）「中小企業管理会計の現状と課題」『管理会計学』32（2）：17–24。
(2) 横田絵理、乙政佐吉、坂口順也、河合隆治、大西靖、妹尾剛好（2016）「マネジメント・コントロールの分析枠組みから見た管理会計研究」『原価計算研究』40（2）：125–138。
(3) Anthony, R.N. and V. Govindarajan.（2007）*Management Control Systems 12th ed.*, New York: McGraw-Hill.
(4) Merchant, K. A. and W. A. Van der Stede.（2017）*Management Control Systems: Performance Measurement Evaluation and Incentives 4th ed.*, *Prentice-Hall.*
(5) Simons, R.（1995）*Levers of Control : How Managers Use Innovative Control Systems to Drive Strategic Renewal*, Harvard

Business School Press.（中村元一、浦島史恵、黒田哲彦訳（１９９８）『ハーバード流「21世紀経営」４つのコントロール・レバー』、産業能率大学出版部）

(6) 澤邉紀生・飛田努（２００９）「組織文化に応じたマネジメントコントロールシステムの役割」『メルコ管理会計研究』２（１）：53－67。

(7) 本橋正美（２０１５）「中小企業管理会計の特質と課題」『会計論叢』10：51－69。

(8) 山口直也（２０１９）「我が国の中小企業における管理会計の実態調査：―産業集積地域を対象とした質問票調査をもとに―」『メルコ管理会計研究』11（１）：29－42。

(9) 国税庁（２０２４）「令和４年度分 会社標本調査」https://www.nta.go.jp/publication/statistics/kokuzeicho/kaishahyohon2022/kaisya.htm　最終閲覧日２０２４年９月26日。

(10) Tagiuri, R. and Davis, J. A. (1996) Bivalent attributes of the family firm' *Famil'y Business Review* 9（２）：199-208.

(11) 後藤俊夫（２０１２）「ファミリービジネスとは」：１－17。後藤俊夫編著（２０１２）『ファミリービジネス―知られざる実力と可能性―』白桃書房。

(12) 澤邉紀生・吉永茂・市原勇一（２０１５）「管理会計は財務業績を向上させるのか？：日本の中小企業における管理会計の経済的価値」『企業会計』67（７）：97－111。

(13) 牧野功樹（２０２１）「中小企業におけるマネジメント・コントロール・システムの導入要因とその経済的帰結」『原価計算研究』45（２）：53－67。

(14) 飛田努（２０２０）「ファミリービジネスにおけるマネジメント・コントロール・システムの整備：企業家精神の発揚と経営管理の公式化：株式会社奄美大島開運酒造の事例をもとに」『福岡大学商学論叢』65（２）：235－264。

(15) 中島洋行（２０２０）「事業承継の発生と管理会計の導入」『中小企業会計研究』２０２０（６）：31－44。

(16) 吉川晃史（２０２１）「中小企業の事業承継を通じた管理会計システムの進展プロセス―株式会社ヤスダモデルの事例―」『商学論究』68（４）：199－218。

(17) 吉川晃史（２０２３）「事業承継計画策定を通じた経営者と後継者の思考のズレの調整」『商学論究』70（½）：251－265。

第2部

With/Afterコロナ
元気な企業の事例報告

1章

株式会社丸福商店：コア・コンピタンスを活用したブランド強化とブランド力を活かした多面的展開

追手門学院大学地域創造学部准教授　葉山　幹恭

【企業概要】

会 社 名：株式会社丸福商店
代 表 者：代表取締役　伊吹信一郎
住　　所：大阪府大阪市中央区千日前1－9－1
資 本 金：1000万円
従業員数：800人
創　　業：1934年（昭和9年）
創 業 者：伊吹貞雄
事業内容：飲食業、小売業

1　はじめに

株式会社丸福商店（以下、丸福商店）が運営する喫茶店の「丸福珈琲店」は、創業者である伊吹貞雄氏により1934年（昭和9年）、大阪の西成区太子にて開業された喫茶店です。新世界の第1号店はのちに同じく大阪の千日前に場所を移し、「千日前本店」として現在も営業が続けられています（**写真1**）。伊吹氏は丸福珈琲店を開業する以前、東京で洋食店のオーナーシェフをされていました。当時、東京の銀座ではコーヒーが流行しており、伊吹氏もコーヒーを自身のレストランで提供したいと考え、コーヒーの研究を始めたことが、丸福珈琲店を開業するきっかけになったそうです。コーヒーの研究を重ねる中で、同時に焙煎機や抽出機（ドリッパー）を開発し、さらに豆のブレンドの研究も進められました。その結果、開業から今日まで、多くの人から愛されている丸福珈琲店を象徴する特徴的な深煎り珈琲が誕生したのです。

丸福珈琲店は現在、関西・中部・関東・九州地域に出店しており、合わせて28店舗が営業されています（2024年9月30日時点）。店舗営業は、喫茶店の業態として近年増加しているオーダーした商品を自身で受け取るセルフサービスの営業スタイルではなく、注文から提供までを従業員が行うフルサービスが丸福珈琲店の魅力です。また、丸福珈琲店は出店するすべての店舗が直営店であることも、複数の店舗を展開しながらも喫茶店としてのサービスを高次元で維持するためのカタチであると窺えます。

写真1　丸福珈琲店千日前本店
出所：筆者撮影

このように特徴ある店舗営業を行う丸福珈琲店ですが、喫茶店としての通常の店舗営業以外にも様々な挑戦的な取り組みが多いところも注目してもらいたい点です。本章では、丸福珈琲店の特に近年の取り組みを中心に紹介し、丸福商店の経営について言及していきます。

2　丸福珈琲店の挑戦的取り組み

（1）取り組み1：物販商品の展開

丸福珈琲店では、物販商品として**写真2**のような瓶詰珈琲、レギュラー珈琲の袋詰、プリン、コーヒーゼリーといった商品を自社で製造して販売されていますが、自社製造の商品だけでなく、自社では製造が難しい商品をOEM（オリジナル・イクイップ

写真2　丸福珈琲の物販商品
（左：瓶詰コーヒー、右：レギュラーコーヒーの袋詰）
出典：丸福珈琲店ホームページ

メント・マニファクチュアリング）により商品化することで、アイテム数や販売量が増加しています。商品の取りそろえが充実することで、①店舗のレジ前で持ち帰り用に物販商品を販売することで客単価が向上する、②インターネット販売を公式ウェブサイトで行うことで効果的な販売ができる、③小売店など、これまで接点が少なかった消費者との関係を構築できる、といった効果があると考えられます。

（2）取り組み2：監修商品によるブランド強化

自社製造やOEMのほか、近年、他社の商品（ブランド）を監修し、丸福珈琲店監修と明記されている商品が複数の企業から販売されるようになっています。その事例の一部をここで紹介します。

①アサヒ飲料株式会社の商品監修

写真3　メロディアンの商品監修
右：「丸福珈琲店監修ミックスジューシー」
左：「丸福珈琲店監修ココア」
出典：メロディアンホームページ

アサヒ飲料の商品で丸福珈琲店が監修したのは、2016年4月より販売され、2022年3月にリニューアルされた「ワンダ『極』」シリーズです。丸福珈琲店の焙煎技術を参考にするなどこだわって作られた商品で、「ブラック」、「微糖」、「カフェオレ」の3種類がラインナップされていました。いずれも丸福珈琲店の特徴である深煎りのコクが感じられ、香り高く深い味わいに仕上げられた商品です。

②メロディアン株式会社の商品監修

メロディアンの商品で監修したのは、**写真3**にある2022年3月から販売されている「丸福珈琲店監修ミックスジューシー」や、2022年9月から販売されている「丸福珈琲店監修ロイヤルミルクティー」、「丸福珈琲店監修ココア」などです。これらの商品が販売されて以降、先述している以外にも丸福珈琲店監修

写真4　ロピアの商品監修
「プチシリーズ　丸福珈琲店のプチホワイトモカ」
出典：ロピアホームページ

の商品が複数販売されており、販売が好調であることが表れています。

③ロピアの商品監修

ロピアで監修した商品には、２０１３年8月から販売されたシュークリームやパフェなどの商品があります。以降も継続して様々な商品で丸福珈琲店が監修し、同店のコーヒーを原材料として使用した商品（**写真4**のような「プチシリーズ」）なども販売されています。同社からは長期間にわたり継続的に監修商品が登場していることから、監修商品の需要が高いことがわかります。

(1) 取り組み3：ザ・パーラーの展開

ザ・パーラーは、フルーツをふんだんに使った洋菓子商品などを多く取りそろえた店舗で、２０１９年3月に第1号店として「ザ・パーラー銀座三越店」がオープンしました。それ以降、

２０２０年9月に「ザ・パーラー岩田屋本店」、２０２３年9月には「ザ・パーラー大丸京都店」の出店が続き、２０２４年9月末時点では3店舗が営業されています。なお、丸福珈琲店にはパティスリー部門があり、デリバリーが可能な店舗では生菓子や焼き菓子の提供が行われています。また、随時、外部の著名なシェフの意見を参考に商品開発を行っているということで、丸福珈琲店の新たな喫茶店形態に力が注がれています。

(2) 取り組み4：コラボによる新規顧客の獲得

丸福珈琲店では、キャラクターやアニメといったコンテンツとのコラボによるキャンペーンも実施されています。例えば、２０２２年10月には「丸福珈琲店×すみっコぐらし」コラボフェアが15店舗で約2か月間にわたり開催され、翌年も同期間にわたり14店舗で開催されました。すみっコぐらしのほかにも、「ハローキティ」、「呪術廻戦」、「魔法使いの約束（ゲームアプリ・アニメ）」などの有名コンテンツとのコラボフェアが、店舗・期間限定で開催されています。また、２０２４年2月1日～3月15日には「丸福珈琲店×カマノレイコ『ねことまるふく』コラボフェア」が18店舗で開催されました。

近年、漫画やアニメといったコンテンツがプロモーションやファンとのコミュニケーション手段として飲食店とコラボする事例が増加しています。「コラボカフェ」という言葉がメディアでも取り上げられるようになったことからもわかる通りです。「コラボカフェ」は、飲食店にとって新規顧客を獲得する好機でもあります。

3　経営に対する理念・ビジョン・考え方

ここまでの内容からわかるように、丸福商店の経営は特に近年、大きく変化してきていると見受けられます。顧客ニーズの変化により企業自体にも大きな変化が求められる場合は少なくありません。時には企業が長年大切にしてきた企業の核となる部分をも見直さなければならないこともあるでしょう。しかし、丸福商店の変化については、創業者が開発に情熱を注いだ「濃いコーヒーの極み」は大切に受け継がれているうえで、それを核として業態や商品を時代に合わせて変化させている経営方針であると感じさせられます。経営学分野では丸福商店の「濃いコーヒーの極み」のような企業の核となるもののことを「コア・コンピタンス」と言います。現在の丸福商店は、このコア・コンピタンスを幅広く活用するビジネス展開が経営の特徴と言えるでしょう。

また、先述のようにフルサービスの喫茶店であることも大事に継続されている方針であり、接客という部分が担う役割も大きいものです。本章の執筆に際し行った代表取締役の伊吹信一郎氏へのインタビューでは「お客様を中心とした店づくり」という考えのもと、店舗運営や接客が実施されているとのことで、それを実現するために社内には現在16のチーム・ブロックでQCサークルがあり、業務の改善が進められているとのことです。

4　事業の強みと弱み

(1) 事業の強み

丸福商店の事業の強みは、老舗企業としてのブランドが確立されていることだと考えられます。そのブランドが確立される背景には、創業者によって開発された丸福珈琲店オリジナルの焙煎機・抽出機、そして社員に継承される焙煎・抽出のノウハウがあります。そのため、丸福珈琲店の運営スタイルを模倣したとしても、珈琲の味を模倣することは非常に困難であり、企業としての強みとなっています。

また、近年ではエリアや店舗ごとの特徴に合わせた展開に注力しているとのことで、地元を意識した展開として地産地消の取り組みが進められています。その一例としては、兵庫県の店舗で提供されている丹波栗を使用したモンブランや、姫路の酒蔵で作られた酒粕を使用したホットケーキ、京都店では京都産の小麦と京丹後の酒造会社「白杉酒造」の酒種を使ったホットケーキなどがあります。丸福珈琲店は近年、店舗数が増加し、エリアも拡大していることと相まって、この地産地消の取り組みは今後さらに強みとしての存在感が増してくると思われます。

(2) 事業の弱み

事業の弱みとしては、「社員の育成に時間を要すること」が挙げられます。入社後は接客やホールといった業務の習得から始まり、それらの業務が身に付いてきてからコーヒーの抽出をＯＪＴで学ぶ流れになるため、育成には長い時間がかかるそうです。また、育成にも関連することですが、丸福珈琲店はフルサービスの喫茶店のため、店舗には社員だけでなく、パートやアルバイトの従業員もいるため、企業の考え方を全従業員に理解してもらわなければ、フルサービスである強みが弱みとなってしまうことには注意が必要とのことで、先述しているＱＣサークルの役割が非常に重要であると言えます。

5　今後の事業目標

伊吹信一郎氏へのインタビューの最後に事業における今後の目標を伺うと、「ブランド力の強化」であると答えられました。店舗で提供する商品の開発や、量販店および百貨店での物販の展開を強化していき、無理のない適正な範囲でのボリュームアップが検討されているとのことで、ユーザーにとって新商品発売への期待が膨らみます。また、ロイヤルユーザーを大切に考えながら、新しい顧客層の開拓を進めていく考えも持たれていることも伺いました。この点は先述している「ザ・パーラー」や「コラボカフェ」などの取り組みが継続して進められ、これまでに接点のなかったユーザーの開拓につながっていると思われますが、今後も様々なアプローチが考えられていることは、新たに老舗喫茶店「丸福珈琲店」の良さを知る人が増えるとともに、既存ユーザーにとってもこれまでにない丸福珈琲店を楽しめる機会として有益であると言えるでしょう。

6　おわりに

丸福商店のこれまでの歴史と近年の事業展開を比較すると、企業に大きな変革（根本から新しく変えること）が起こっていると捉えられることがあるかもしれません。確かに大きな変化が進められています。しかし、変化は企業の歴史を大切に考え、創業者の伊吹貞雄氏が作り上げた丸福珈琲店の「濃いコーヒーの極み」を継承する上でのものであります。先に「コア・コンピタンス」という言葉を用いましたが、丸福商店は模倣困難な貴重な資源を有しており、その資源を活用したブランド強化と、ブランド力を活かした多面的展開が力強く進められています。

参考文献・参考ＵＲＬ

ゲリー・ハメル、Ｃ・Ｋ・プラハラード著、一條和生訳（１９９５）『コア・コンピタンス経営』日本経済新聞社
丸福珈琲店（https://marufukucoffeeten.com/）閲覧：２０２４年1月28日
アサヒ飲料（https://www.asahiinryo.co.jp/wonda/sp/products/kiwami.html）閲覧：２０２４年１月28日
メロディアン（https://www.melodian.co.jp/item/marufukumix）閲覧：２０２４年１月28日
ロピア（https://www.ropia.co.jp/products/puchi/1875/）閲覧：２０２４年１月28日

2章

平安伸銅工業株式会社の事例

追手門学院大学地域創造学部准教授　中井　郷之

【企業概要】

会 社 名：平安伸銅工業株式会社
代 表 者：代表取締役社長　竹内香予子
住　　所：大阪府大阪市西区江戸堀1－22－17 江戸堀イーストビル4階（本社）
東京都渋谷区代官山町2－6 シャトレ代官山アネックス105号室（東京支社）
岐阜県養老郡養老町直江119（物流センター）
資 本 金：4900万円
従業員数：70名（正社員・契約社員を含む）
創 業 者：笹井達二

創　業：1952年、1977年会社設立
事業内容：突っ張り棒、賃貸向けDIY商品LABRICO、DRAW A LINEなどの展開

1　はじめに

会社名の「平安」という名が示す通り、平安伸銅工業株式会社（以下、平安伸銅）は京都に所縁があります。また江戸時代の頃より「伸銅」という言葉通り、押出成形による銅板の屋根細工加工など、金属に関わる仕事を同社は生業としてきました。現在の平安伸銅は戦後大阪市十三で創業[1]し、1950年代から1970年代までは、アルミサッシの製造で順調に業績を伸ばしてきました。しかし、オイルショックや当時のインフレによる拡大路線が裏目に出たことにより、経営が傾いてしまいました。その結果、同事業の継続を諦め、自社が所有する工場を売却することとなりました。それでも、プラスチックを加工する設備だけは残り、そこから階段のすべり止めなどを製作することで事業を継続してきました。

そんな中、竹内香予子現社長（以下、香予子社長）の祖父（笹井達二氏）が時代の趨勢を読み取り、高度経済成長以降の日本の都市化やコンパクトな住環境のニーズを鑑み、「突っ張り棒」を開発することになります。突っ張り棒は当初、竿のような形状をしていましたが、組み合わせること

で棚のようになります。そうすると、当時は当たり前ではなかったトイレの棚のような収納設備へと生まれ変わり、新たな用途開発が利用者（以下、ユーザー）によって展開されていきました。なお、同商品の売上が好調だった背景には、ホームセンターの台頭とそれに合わせた竹内社長の父（笹井康雄氏）による販路拡大があります。以上のようにモノづくりを支える職人気質の祖父と、新たな流通を開拓し販路を拡大した父による功績で平安伸銅の経営は立ち直りました。

2　時代の趨勢と新商品開発

その後、1995年には防災用の家具固定突っ張り棒を発売するなど、時代に合わせて新たな突っ張り棒が開発されていきました。ところが、1996年に48億円まで売上を伸ばしたものの、そこから売上が下がることになります。その背景として、同業他社による突っ張り棒への市場参入が拡大したことにより、「レッドオーシャン化」してしまったことにあります。しかしそのような状況においても平安伸銅は価格競争に対応するため1998年にタイのサプライヤーや2007年に中国のサプライヤーと業務提携などをすることで、売上を14億円までに下げながらも市場シェアを下げずに事業を継続させてきました。

そして2010年、香予子社長が平安伸銅に入社することになります。入社当初は開発、品質管理、経理などを担当していました。香予子社長が事業継承するにあたり、10年ほどかけて経営のノウハウを習得する予定でしたが、2011年に前社長の父・康雄氏の大病が発覚し、対外的な代表のみ香予子社長が継続し、早く経営を学ばなければならない状況になりました。

その一方で香予子社長は当時、新たな経営方針として稼いだ利益を新規事業に回そうと、自身が採用した若手開発者を巻き込みプロジェクトを立ち上げましたが、企画がまとまらず、関係者の離職を招いてしまいました。[2]この時期（2014年）には香予子社長の夫（現常務取締役竹内一紘氏）が入社したことで、流通チャネルの見直しにも着手しました。具体的には、康雄前社長が来るべきECの時代に合わせて、まだ業界内では大きな存在ではなかった「アマゾン」との接触を竹内一紘氏に命じました。当時の商習慣ではメーカーから卸、小売へとものが流れることが一般的で、メーカーが直接小売と商談することはご法度と言われていました。そのため、営業部の従業員から積極的な協力を得られなかったということでした。しかしその一方で、「必ず結果を出す」という逆境をバネにしたといいます。

そのような苦しい時代を乗り越え、2015年香予子社長が康雄氏から経営を引き継ぎ、代表取締役社長となりました。そして、次の主力商品の「LABRICO」や「DRAW A LINE」の成功によって、従業員にも認められることとなります（**写真1**）。

写真1　主力商品「LABRICO」（左）と「DRAW A LINE」（右）
出所：平安伸銅本社にて筆者撮影。

3　実用性とデザインの両立

両商品が生まれた背景には、香予子社長自身が突っ張り棒での機能の良さを認める反面、デザイン性について課題を感じていたところから始まります。香予子社長自身も家庭を持っており、子育てなどを考慮に入れた「家づくり」に関心を示している世代です。しかし、自社の突っ張り棒を欲しいかというとそうでもなく、知人にはデザインが良くない、と指摘されたことすらあり、インテリア家具としての突っ張り棒を見直すことになりました。

そこで参考にしたのが「イケア」でした。香予子社長自身の買い物経験から、ホームセンターには必要なものはあるが欲しいものがなく、一方でイケアに行くと、「この商品を使ってこんな暮らしがしたい」と想像が膨らんだといいます。その違いを深掘りしていくと、自分たちが提供している商品が価格と機能重視で、ユーザーの理想に寄り添っていないことに気づかされたといいます。その体験がきっかけとなり、デザイン性を重視した突っ張り棒の進化系ともいえるＬＡＢＲＩＣＯとＤＲＡＷ　Ａ　ＬＩＮＥの誕生につながりました。開発に際しては、顧客起点の商品企画に力を入れるため、インハウスのデザイナー採用や、社外のデザイナーへの委託を行い、デザイナーとの協業体制を構築してきました。このようなデザイナーとの協業がＬＡＢＲＩＣＯとＤＲＡＷ　Ａ　ＬＩＮＥの誕生に大きく貢献しました。

平安伸銅のブランド商品である突っ張り棒は、同社の市場における競争優位の源泉だといえます。同商品は、釘を使わなくても棚を作れることなど、ユーザーによってカスタマイズできる便利な家具として新たな市場を切り開いていきました。このような他社に先駆けた「先行優位性」が市場ではたらいたと考えられます。また、突っ張り棒市場が拡大していくにつれて、新規参入してくる企業も増えましたが、他社を排除せずレッドオーシャンの中で耐え抜くことで同社の競争力を高めたともいえます。その結果、現在のデフレ傾向の中で売上は下がろうとも、市場でのシェア率を下げずに、経営を継続させています。

ＬＡＢＲＩＣＯやＤＲＡＷ　Ａ　ＬＩＮＥに表出されるように、同社では、徹底したユーザーへのマーケット・インが経営理念や方針の根底としてあります。両商品の誕生の背景には、機能を重視する業界とデザイン性も求めている市場のズレを認識したことがあり、それを正す先駆的な会社になろうとしたことから始まります。そのズレを解消するために、ターゲットとなる市場属性を調査し、その方々へ積極的にアプローチし、SNSを活用することで双方向性を重視していくことになりました。

これは価値共創[3]という考え方であり、顧客個々人が知覚する価値を企業と顧客、ときには顧客同士で創り上げ、商品価値を高めていく過程のことを指します。これまでの企業主体のモノづくりや市場を優先させるだけでなく、企業と市場が商品価値を高めていくことが今後重要とされています。そういう意味では、企業の商品開発を優先させて市場で販売する突っ張り棒から、市場を優先させて共に新たな商品価値を生み出しているLABRICOとDRAW A LINEは価値共創といえます。

これまでの平安伸銅による成功のカギは、ブランド拡張によるコアとなる事業からの延伸と考えられます。もともとは、竹内一紘常務取締役の理念である「同時進行でできるのであれば多くのプロジェクトを進め、その中から生き残るものを続ける」という方針があります。その結果、現在の両主力商品が残ったといえます。ホームセンターではなく、インテリアショップでも販売できるような商品の取り扱いを行ったからこそ、竹内一紘氏の得意とする建築や空間の使い方における独自のポジショニングを構築することができたと考えられます。以上のように、ブランド拡張として、突っ張り棒ブランドを戦略的に派生させていくことにつながっています。

4　ユーザーとのコミュニケーション

また、突っ張り棒の商品特性についても触れておきます。基本的に平安伸銅の取扱商品はカスタマイズが可能であり、その用途は無限に広がります。作り手の技術はもちろん大事ですが、それを使用するユーザーの暮らしを良くするという大前提が同社の経営戦略にあり、それが「ユーザーとのコミュニケーション」[4]という形へつながっています。

平安伸銅の顧客へのアプローチとしては、従来の流通によるホームセンターへの突っ張り棒の販売と、各地のホームセンターでの利活用法の提示といった対面でのデモンストレーションを行いながら、ユーザーとのＳＮＳでのオンライン上でのコミュニケーションも重視しています[5]。ＳＮＳを通じて直接消費者とつながる理由としては、「メーカーがエンドユーザーの必要としているものを作り出さないと市場から退場させられる」という危機感があるからです。

そのため、ＤＩＹのインフルエンサーとの信頼関係を重視しつつ情報を発信してもらい、一方で自社のオンライン講座にて「つっぱり棒マスター認定講座」を実施し、「つっぱり棒マスター」を認定することで、「つっぱり棒文化」を広げようとしています。このようなＳＮＳによる価値競争とＥＣによる「Ｄ　ｔｏ　Ｃマーケティング」を実施することで、コアなユーザーの市場を浸透させつつ、新規顧客の獲得に向けた活動を行っています。

5　コロナ禍とアフターコロナの経営および新たな人材育成

コロナ禍においては、会議などでの飛沫防止用に突っ張り棒が使われるなど、3年間で売上が2020年の30億円から2021年の38億円、そして2022年の32億円と巣ごもり需要も重なったことで特需が起きています。しかし、アフターコロナに園芸市場やペット市場が拡大したように、DIY市場も各家庭に浸透すると期待されていましたが、DIY文化が日本に根付くことはありませんでした。その背景として、欧米社会と違い、日本はスクラップアンドビルドの建築方法が根底にあり、住宅を長く大切に使おうという感覚があまり育たなかったと考えられます。

現在、平安伸銅は流通チャネルを使い分けており、従来のビジネスパートナーであるホームセンターでの突っ張り棒の販路拡大を考慮しつつ、ECによるLABRICOやDRAW A LINEの販売を続けています。一方でこれらのビジネスモデルにも限界を感じており、新たに成長していく市場と新たな収益を得られる事業を現在模索しています。なお、技術職に関してはファブレス化を進めており、コモディティ技術を使っていることから、新規性の高い技術開発には軸足を置いていません。むしろ広く浅くコモディティ技術に精通し、決まったコンセプトを素早く立体物にして検証することが求められています。そのため、自社内にファブリケーションスペースを設け、簡易試作が素早くできるよう環境整備やスキルサポートを行っています。

そして、新たな人材においては、中途採用もさることながら、例年新卒採用も2名ずつ行っており、徐々に企業の従業員数も増加傾向にあります。なお、採用においては香予子社長によると共感を重視しており、面談において2時間ほど費やし「面接はお見合い」と自称するほど力を入れています。

ただ、香予子社長は、企業の規模は大きくしても、上場をする考えは今のところないとしつつも、いつでも上場できるようにしたいと考えています。同族経営による事業継承をこれまで行ってきてはいるものの、今後は同族以外の人も経営陣へ入れるように、所有と経営を分けることも将来的に考えています。

6 おわりに

突っ張り棒、LABRICO、DRAW A LINEといったその時代にあったモノづくりで生活を豊かにするという考えが平安伸銅にはありました。その強みは取扱商品が如実に語っており、既製品ではあるがユーザーに合わせてカスタマイズできるということです。そこから作り手が見落としがちなユーザー目線を大事にすることの重要性を認識していました。

本調査では、突っ張り棒で有名な平安伸銅株式会社の香予子社長へヒアリングを行わせていただきました。ヒアリングでは戦後から現在までの事業展開を伺い、特に2010年から同社に入社されたころからの苦労と、現在販売しているLABRICOやDRAW A LINEといったヒット商品の誕生についても詳細を尋ねることができました。平安伸銅の経営は徹底したマーケット・インやSNSのインフルエンサーとの価値共創がありました。突っ張り棒からのブランド拡張により、市場浸透を試み、既存市場のユーザーをさらに深掘りしつつ、そして、卓越したデザイン性で新たな市場も獲得することが模索されていました。

注

[1] 平安伸銅工業公式ホームページhttps://www.heianshindo.co.jp/（最終閲覧日2024年8月）

[2] 産経新聞『関西経営者列伝 改革断行も反発…半数が辞職 平安伸銅工業・竹内香予子社長（3）』（2024年8月参照）https://www.sankei.com/article/20180609-PWF4TKKKVRNWJA2PTHQCQZAM2U/

[3] C・K・プラハラード、ベンカト・ラマスワミ著、有賀裕子訳、一條和生解説（2013）『コ・イノベーション経営：価値共創の未来に向けて』東洋経済新報社

[4] ネットショップ担当者フォーラム『メーカーとユーザーが〝仲間〟になってブランドを育成。「突っ張り棒」国内トップシェアの平安伸銅工業の竹内代表が語るファンマーケティングとは』（2024年8月参照）https://netshop.impress.co.jp/node/9591

[5] フィリップ・コトラー、ヘルマワン・カルタジャヤ、イワン・セティアワン著、恩藏直人、藤井清美訳（2017）『コトラーのマーケティング4・0 スマートフォン時代の究極法則』朝日新聞出版

3章

株式会社村上衡器製作所：究極のオンリーワン技術を生かした事業展開

追手門学院大学経営学部教授　中野　統英

【企業概要】

会 社 名：株式会社村上衡器製作所
代 表 者：代表取締役社長　村上　昇
住　　所：大阪府大阪市旭区赤川2丁目10番31号（本社工場）
資 本 金：1000万円
従業員数：33名
創　　業：1906年2月
事業内容：精密衡器の製造・販売・校正・検査

1　調査の概要

２０２３年8月25日に株式会社村上衡器製作所[1]（以下、村上衡器）本社工場で、代表取締役社長の村上昇氏に対するインタビュー調査を行いました。

2　会社の事業展開と経営方針

(1)　創業の経緯とこれまでの事業展開について

村上衡器は、はかりの製造・販売を行う会社として１９０６年大阪市に設立されました。創業者は村上佐助氏です。２０１１年3月に村上昇氏が4代目代表取締役に就任しました。現在は質量の計量・計測事業を行っています。

創業時は天秤の製造・販売からスタートしました。今日まで百余年の永きにわたり衡器専門業者として順調な発展を遂げており、衡器と名のつくものでは大型天秤から小型の上皿天秤に至るまで各種の衡器を製造・販売しています。特に上皿天秤の製造・販売においては業界随一の実績を納めており、小学校で使用されている上皿天秤は現在ほぼ独占状態になっています。

(2) 現在主力の事業

主に次の事業がありますが、全て密接に関連しています。

①計量器の販売

主に小学校向けをはじめとした上皿天秤になります。創業時からの事業であり、現在この会社が持つ技術はこの事業で培ったものが基となっています。

②標準分銅の製造および販売

主に企業等向け計測器を管理するための標準分銅になります。

③販売した標準分銅の校正

主に②で販売した標準分銅の校正業務になります。

標準分銅の製作や高精度の校正を行うには高精度のはかりや設備が必要になり、最後は職人技に頼ることになります。よって、職人技を持った社員が会社の付加価値となります。また自社工場も完備していますので、天秤や分銅等の多くは部品から組立まで全て自社工場で生産しています。

(3) 校正業務について

現在は一般のはかりを管理するための基準となる標準分銅の製造・販売および校正も行っています。校正とは、1年から5年に1回の間隔で標準分銅を再計測し精度を保証する計量管理です(**図1**参照)。校正事業も独自設備・技術や人材などが必要になりますので、他社の参入が多くなく安

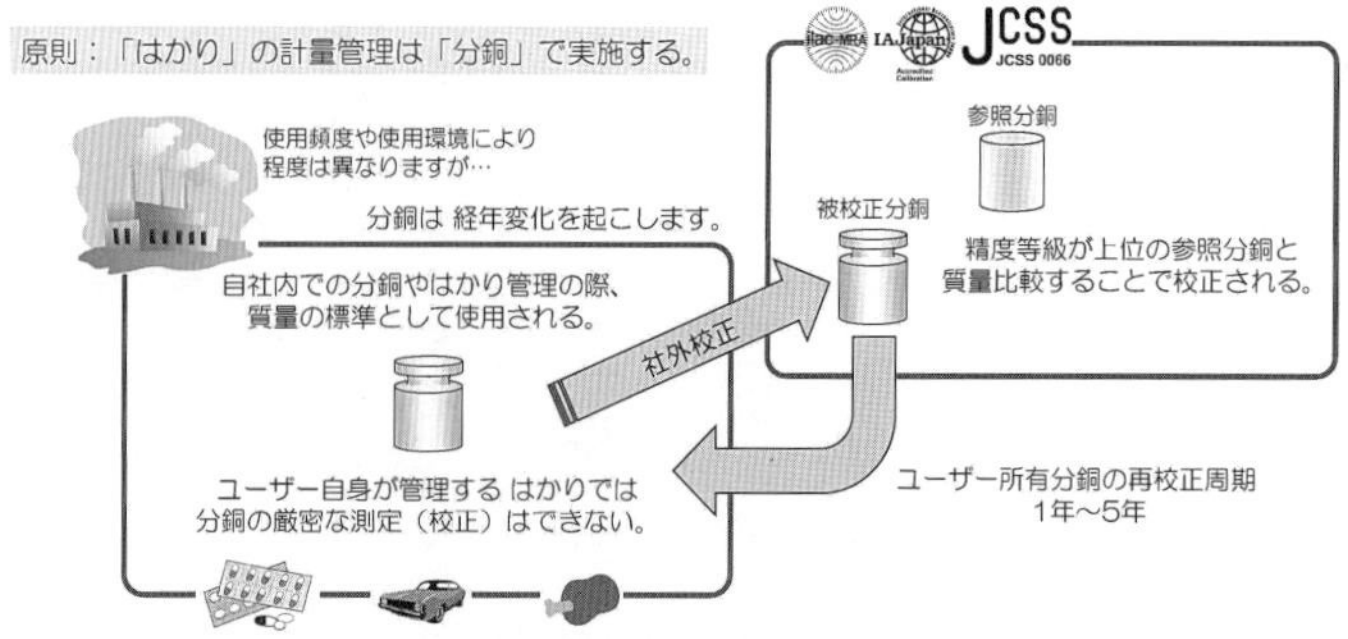

図1　分銅の校正事業について
（村上衡器提供）

定した事業となります。

分銅は使っているうちに少しずつずれてくるため、定期的な校正が必要となります。村上衡器では標準分銅の製造・供給も行い、かつ分銅の校正業務も同時に行っています。会社として現在は分銅の製造・販売といったものづくりの部分と納入した分銅の校正というサービスの部分でビジネスを回しており、初めから狙っていた訳ではないものの結果的に上手く事業を行うことができています。

質量の国際基準について近年改定があったことは第1部3章で説明しました(2)。校正業務のビジネスモデルは、**図1**にもあるようにユーザーが使っている分銅をそれらよりも上位に位置する標準分銅を用いて精密に測定し直し、公的なJCSS[1]証明書をつけてユーザーに返却する業務となります。なお社内にある基準となる分銅は、計量法により3年に1回、産業技術総合研究所へ校正に出しています。

校正時にも誤差は出ますが、精度の高い測定ができるはかりや設備などが社内にあるのでユーザーが行う以上の精度を保証することができます。高精度の天秤になれば高精度の分銅による管理が必要になり、よって製品価格や校正価格も上昇します。なお社内での精密な校正は、クリーンルームに近い部屋で行います。これらを行うには独自の設備・技術および人材が必要となります。

(4) 経営戦略および経営計画について

経営戦略等については、近年は1年間の目標を年初に立てる程度だということです。理由は、数年後に向けた計画を立てても、コロナ禍の時のように状況によって変化するからだそうです。この方法はライバルが少ないからこそできることでもあるように思われます。

業界の特徴は「良く言えば安定しており、また言い方によっては変化に乏しい所があり、また業界自体がニッチな市場です」ということです。この会社はこれまでに培った技術を軸にして製造・校正事業を展開していますが、そこでオンリーワンの地位を築いています。以前から独自技術を開発して提供し続けているからこそ、手堅い経営ができているといえます。

(5) 人材の活用について

人材は基本的に新卒高卒・大卒採用で終身雇用に近い形式をとっており、現在若い人材を積極的に採用しています。ただ事業の性格上、高校生には細かい事業の中身や魅力がわかってもらえないところがあるということです。確かに専門知識がないと理解が難しいように筆者も思います。

昔から天秤やセットの分銅を製作していた技術が、校正事業に応用されて現在のビジネスモデルに発展してきました。このような技術は一子相伝に近い状態になっていますので、文書化したり動画にしたりしてノウハウを残しています。そういった知識を現場で作業しながら学習させることにより、人材育成を行っています。

3　他社にない強みおよびこれからの方向性について

(1)　他社にない強みとは

ものづくりおよび校正が全て内製でできることが強みです。また校正事業についても、必要な設備が全て社内にありますので、利益率で見ると収益性が良くなります。さらに分銅製造・販売の事業がありますので、ユーザーに買い替えや修理等も勧められるメリットがあります。天秤や分銅などのものづくりおよび校正業務の両輪がありうまくかみ合っているところがこの会社の強みです。分銅を自社で製作している国内の会社は村上衡器以外では数が大変少ないです。

かつては電子天秤を社内製造していましたが、価格競争により現在はアフターサービスも含め完全撤退しています。ただし精密天秤など高精度のはかりはその限りではありません。電子天秤から撤退して以降、現在は標準分銅やはかりなどの製造・校正業務に軸足を置いています。これらについては、市場規模は大きくはありませんが安定したものとなっています。自社内に必要な設備および人材が全てありますので、そこに特化して全国に事業展開しています。

営業形態ですが、現在は国内の代理店経由で天秤や分銅を販売しています。世界的にはＳＩ単位系[2]、(2)になっていますので、基本的にはキログラム系のものを扱っています。ただしユーザーの要望によってはポンド系など規格外の分銅を自社工場で生産できることも強みの一つです。

近年製薬業界などではより精密な計測が求められるようになってきました。よって村上衡器では、現在1mg未満の質量標準となるサブミリグラム分銅[0]の製造および校正も行っています。

(2) 現在抱えている弱点

分銅などの製品はディーラー経由での販売になります。弱点はエンドユーザーとの接点が非常に少なく、ユーザーの要望や困っている点をディーラー経由で聞きにくいことです。また強みは、ディーラーを通すことで売上の回収が確実になること、多くのユーザーとのやり取りを一手に引き受けてもらえ、本社では少人数で営業できることがあり、実際はメリットの方が多いということです。

社長が業界団体(3)、(4)でセミナー講師をされており、そこでユーザーの話を聞き情報収集を行っています。このような活動をできるのが社長のみということが弱点であり、後任の人材を育成する必要があるのも今後の課題です。

（3）事業のDX化ついて

DX化については、社内業務をマニュアルの電子化などにより伝承することを考えています。社内基幹システムの電子化やデータベース化については、若手社員の能力で行うことができました。計測のデータ処理やユーザーデータ、売上集計のデータベース化もできました。ただ少数では心もとないので、作成した社員よりもさらに若い社員がついて技術伝承を行っています。また、この会社は少数精鋭部隊で業務を行っていますので、サブでできる人材を同時に育成する体制を取っています。

（4）事業を発展させるうえでの課題

現在の事業では、ものづくりの部分で経費削減など工夫の余地はまだあると考えています。この会社で行っている事業は、世の中になくてはならない、かつオンリーワンの事業です。この業界は大変安定しており、今後もニーズ自体はなくならない事業であると思われます。

課題は、現在安定して事業が回っているうちに次の事業の芽を探っていかなければならないことです。JCSS制度による国からの認定を30年前に取得してこの校正事業を始めたのは先代社長でしたが、最近は技術のサイクルが早く、新たに始めた事業で初めは利益が出ていても競争が激しくなり利益が出なくなることがあり、難しくなっています。今後、社長は「もとは天秤などの計量器で始めた会社なので、『質量の計量・計測』をベースにしたい」と考えています。

若返りの影響で技術伝承が上手くいかないユーザーもありますので、彼らに対するコンサルティングや研修も次世代事業の視野に入れています。また計量・計測の発想が変わってきていますので、何千・何百あるユーザーの校正データを用いたビッグデータでの傾向解析の事業化も検討されています。また会社にある知的資産や分銅材料の在庫をどう生かすのかも見据えています。

4　コロナ禍による影響について

コロナ禍においては、自社工場での仕事や営業業務があることで全社員のリモートワークはできませんでした。顧客企業への出張校正業務はなくなりましたが、自社工場で校正業務を行うことが増えましたので、結果的には校正業務が全く途切れることはなく仕事が減りませんでした。コロナ禍前から業績は伸びていましたが、伸び率はコロナ禍に入っても全く減りませんでした。校正業務は計量事業のインフラで1年から3年周期で行うことが欠かせなかったことにより、校正業務が途切れることはありませんでした。場合によってはぎりぎりの人数で業務を行いましたが、納期など業務には影響が出ないようにしました。唯一はかりの出張校正に影響が出るように思われましたが、主に産業界向け事業であったのであまり影響は出ませんでした。

なお、コロナ禍の時より社長が社外での研修会で得たノウハウを生かした勉強会を社員向けに行い、現在も続いています。普段の業務がどういう意味を持つのかを理論的に理解してもらうため、年1回計量・計測の原理や理論の社内研修を行っています。

5　計測業界について

他国にも分銅メーカー等はありますが、多くはなく成熟している市場といえます。各国に計測の法律があり、日本にも計量法がありますので海外メーカーが簡単に入ってくる状況ではありません。社長曰く「計測業界は、日本のものづくりを支える縁の下の業界です」ということです。この業界ではバブル景気の時代には突出した業績を出せませんでしたが、それ以降の不況時に倒産した企業は少ないということです。また社歴の長い企業が沢山ありこの会社も創業100年以上ですが、業界には創業350年位の企業もあります。そういう業界の中でどのようにして他の企業と一緒にやっていくかが一つの課題です。

6　まとめ

村上衡器の強みは、これまでに築いてきたオンリーワン技術およびそれらを支える設備や人材に支えられた、堅実かつ先見性のある経営にあると思われます。正確性を追求する計測業界の影響もあり、技術に頼ることなく人材も大事にされ、ある意味理想的な企業モデルの一つであると筆者は感じています。あえて課題を挙げるとすれば今後の事業展開ですが、現在の事業がオンリーワンであり大きくはないものの確実な需要があるので、当分の間は心配ないものと思われます。

謝辞

調査に関しては、村上衡器の代表取締役社長である村上昇氏にヒアリング調査および資料提供について全面的な協力を得ました。また北おおさか信用金庫にもユーザー企業である村上衡器をご紹介いただき、調査日程の調整や資料提供等で協力を得ました。ここに感謝致します。

注

[1] JCSSとはJapan Calibration Service Systemの略であり、1993年11月に施行された改正計量法により導入された制度です。計量標準供給のため、計量計測トレーサビリティの確保のための制度と校正事業者登録制度からなる制度であり、計量法第8章に規定されています。

[2] 現在広く使われている国際単位系（SI: International System of Units）であり、kgはこの中での質量の基本単位として定義されています。

[3] 1mg未満の分銅のことです。2017年、（独）製品評価技術基盤機構（NITE）による技術指針の改正によりサブミリグラム領域でのJCSS校正が可能となり、村上衡器は日本で初めてこの領域（0.5mg〜0.1mg）の登録事業者として認定されました。

参考文献・参考URL

(1) 株式会社村上衡器製作所：https://www.murakami-koki.co.jp/（最終閲覧日：2024年9月13日）
(2) 臼田孝（2018）：『新しい1キログラムの測り方 科学が進めば単位が変わる』ブルーバックスB-2056、講談社。
(3) 大阪府計量協会：http://www.osaka-keiryo.jp/（最終閲覧日：2024年9月13日）
(4) 日本計量機器工業連合会：http://www.keikoren.or.jp/（最終閲覧日：2024年9月13日）

4章

株式会社昭和技研の事例

追手門学院大学地域創造学部准教授　中井　郷之

【企業概要】

会　社　名：株式会社昭和技研
代　表　者：代表取締役社長　西田弘行
住　　　所：大阪府東大阪市高井田中2－4－20
資　本　金：1000万円
従業員数：4名
創　　　業：1948年（昭和23年）、1973年会社設立
事業内容：遊戯用メダルの製造、コインランドリー、ホテル向不動産賃貸業、飲食業

1　創業の経緯と事業の概要

株式会社昭和技研は戦後間もない１９４８年、西田社長の父により創業されました。創業時の時代背景としては、パチンコが当時の成長産業であり、まだパチンコ玉の研磨事業を専業としている企業が少なかったことから始まります。そこで同社は実用新案権を取得し、当該事業に集中してビジネスを展開していくことになりました。１９８０年代まで同社は「フィーバー機」が登場するなど、主にサラリーマンを主体とする市場が拡大し、順調に成長していました。ところが徐々にパチンコ業界の大手企業が自社でパチンコ玉を研磨するようになり、パチンコ玉の研磨事業のみの展開に限界を感じ始めました。そのような状況下で80年代後半のバブル期に、これまでスロット専門店のみスロット台を扱えていましたが、パチンコ店においてもスロット台を扱えるようになりました。これを好機と捉え、同社はメダル事業へと乗り出すことになりました。

しかし同じ加工業とはいえ、パチンコ玉からメダルへの技術転用は困難でした。そこで、日本の硬貨を作っている造幣局を視察し、加工技術のノウハウを入手しました。具体的には、コインを製造している刻印プレス機について教わり、製造元のドイツ企業を紹介してもらうこととなりました。その後、まずは1台1億円ほどのプレス機を導入し、ドイツ人技師を一週間呼び、簡単な操作方法を商社の通訳を通じて習うことになりました。しかし実際は一週間後に技師が帰国した後も、機械の使い方や故障など機械の操作をできるようになるまで半年間は昼夜を問わず作業することとなり

写真1　昭和技研によるメダル精製過程
出所：昭和技研本社にて筆者作成

ました。

そして苦心の末、技術を習得した後には、日本中のパチスロ店から発注が入り、注文が殺到しました。その背景には、同業他社が国内に2、3社しかなく、メダル製造の障壁の高さやニッチ性からほぼ独占状態にあることが功を奏した点が挙げられます。その後、1台だけだったプレス機は最盛期に7台まで増加し、現在は6台を稼働させています。

同社のメダル作成の工程は**写真1**の通りです。まず写真左の状態を「打ち抜き」といい、ここから写真中央の「リミング」へと加工します。この際、我々が普段よく目にするコインのように外側を少し太く（盛り上げ）していきます。この過程がうまくいかないと写真右の最終工程「プレス」のようにうまく刻印ができないということもあり、苦心されました。

2　時代の趨勢と事業の多角化

バブル期以降も順調にパチスロ業界は市場を拡大していき、最盛期には約30兆円まで膨れ上がりました。ところが、少子高齢化によりこれまで主な顧客であったサラリーマン層が年金受給者となり、さらに2000年代以降のスマートフォン市場の拡大などの時代の趨勢により、コロナ禍前後で市場は13兆円ほどまでに縮小してしまいました。その結果、大手企業が残り、中小企業が破産または都市部の立地の良い企業は不動産業などテナント事業化していくという二極化への時代へと入っていきました。

そこで経営理念として、メダル製造部門を「精度よく効率的な作業の実施および作業時間を短縮し、受注先の動向を見極める」、「メインパチンコからパチスロへのシフト化がみられており、パチスロ関連を軸に業容拡大を目指し、工程集約やリードタイム短縮を図るとともに、高精度・高能率な加工を行う」としました。このビジョン作成には西田社長の先見の明があり、それが「慎重に行くべきところは慎重に行動し、大胆に変革させるときには行動に移す」として経営方針に反映されていきます。そしてこのような専業でのメダル製造に限界を感じ、新たな経営方針とその事業として不動産業へと舵を切っていくことになります。

2015年、同社は大阪市淀川区西三国に土地を取得し、不動産業を展開していきます。土地取得当時、マンション計画など様々な用途と事業が考えられましたが、西田社長の知人がホテル事業を東京で行っていたこともあり、そのノウハウを生かし、「アスティルホテル新大阪[1]」を開業することになりました。同社はこの不動産業で土地と建物を所有し、知人の企業であるアスティルホテルが運営を担う「リース型」を行っています。西田社長はこのホテル事業について、「立地的にJR新大阪駅よりも阪急三国駅に近く、勝算の無いギャンブルのようだった」と話しています。しかし、結果は予想に反してオープンから三か月で稼働率が90％を超えるという偉業を成し遂げました。この要因として、口コミによる評判が良く、それが功を奏したということでした。また、西田社長は「ホテルの屋上に大浴場やサウナを設け、当時珍しかった屋上の露天風呂からは大阪空港へ着陸する飛行機が大迫力で見られることが評判を呼んだ」とも考察しています。この男女別大浴場露天風呂は夜通し利用可能となっており、さらに他社の評価ランキングでも上位になるほど人気となっています。このアスティルホテル新大阪を成功させることで確信を得た西田社長は、大阪都心の十三にて「アスティルホテル十三プレシャス」[2]という2号店を出店し、こちらも成功を収めています。

製造業と不動産業を、見事に展開させた同社は次の事業としてクリーニング業である「コインランドリー」を展開していくことになります。そもそもクリーニング業への進出はホテル業とのシナジー効果を狙ったものであり、ホテル業開始時から半年でこの構想が練られていました。そして、結果的には、「人がいらない」事業としてコインランドリーの展開へと進むことになります。

このコインランドリーはあえて、地元の中小企業がひしめく東大阪市の高井田での出店を試みることになりました。まず、地域住民は工場での労働者が多く、あまり洗濯をしないということもあり、もともと需要があったわけではありません。それにもかかわらず西田社長が出店した理由として、①あえてアスティルホテルのように需要が見込めないところで勝負して勝てたら見込みがある、②もしトラブルがあってもすぐに対応できるため、試験的に地元での出店を試みたということでした。

結果、地元でのコインランドリー事業でも成功を収め、多店舗展開につながっていきました。成功要因としては、一人暮らしの高齢者が地域に多く、そのような人びとにとっては毎日の洗濯が面倒で、大きなランドリーがあれば、洗濯から乾燥までしてくれるので需要があったことが挙げられます。その他にも子育て世代の女性や単身世帯にも人気があったということでした。

成功の裏には、出店にあたり西田社長は周辺住民への配慮から、当初営業時間を0時までにしました。その後問題がなければ営業時間を3時までに延ばし、現在は24時間営業を行うなど慎重に行っていきました。その結果、2023年現在では8つの支店で操業をしています。

3　コロナ禍が及ぼした経営への影響とその対応

コロナ禍を経て、パチンコ・パチスロ業界はピーク時に約1万9000台あった機械が現在は7000台にまで減少しているといいます。そのため、メダル業としてパチスロだけではなく、イオン系列のモーリーファンタジーやラウンドワンのように若者に人気のメダルゲームへとシフトし、本業を続けていこうとしています。

また、コロナ禍で、ホテル事業は3か月休業するなど停滞しましたが、2023年5月にはコロナ禍前の売上に戻ってきています。ホテル向け不動産賃貸業は同社の収益安定化に大きく寄与し、当面は新たな不動産を取得せず、現状維持に努めるとしています。しかし、そのためには、運営会社が安定して顧客を獲得できるよう施設の維持・管理をいかにするかがカギとなります。

コインランドリー事業では、まったく影響を受けておらず、むしろ2023年のように晴天が続いた猛暑で売上が上がっていたということでした。その他にも同社は、多角化に拍車をかけ、2023年10月から大阪の中心部ミナミで有名チェーンとのライセンス契約の元にクレープ店を出店するなど、さらなる事業展開を行っています。

4　人材の採用・育成と事業継承

同社での主な従業員は4人であり、家族を合わせると9人で会社を経営しています。職業柄、技術職ということで多くの職人を抱えているかと思われますが、意外とそうでもないのが事実です。その理由として、本業でのメダル製造に関しては主に機械作業で、人手がかからないようになっているためです。また繁忙期も閑散期も、今ある人材で稼働できるようにしており、難局も乗り切れる範囲で人材を確保しているということでした。そして、人が必要な場面は外注によって乗り切ることをモットーとしており、人材の採用・育成も事業承継も最小限にとどめていくという方針をとっています。

5　昭和技研の多角化戦略

ここまでの同社の戦略を見ると、意図はしていなくとも、その時代その時代での市場や社会的背景を敏感に捉え、さらに人脈を巧みに使ったことで多角化戦略に向かっています。なお多角化戦略とは、経営学者H・I・アンゾフ（1918〜2002）が唱えたフレームワークであり、「製品・市場マトリックス」の概念の一つです。製品と市場の二軸から成長戦略を4つに分類し、「市場への浸透」、「市場の開拓」、「製品開発」、「多角化」[3]で構成されています。

この「製品・市場マトリックス」は本書の第3章2「企業成長の方向性」にも「成長ベクトルの構成要素」として掲載されていますが、多角化とは新しいミッションに新しい製品・サービスを投入する方向性を示すものです。一方で、ほとんど経験のないミッションで新製品を投入するため、マーケティングのコスト、製品・サービスの開発コストがかかるといったリスクがあります。しかしリスクがあっても新しい収益源を求める時、または求めなくてはならない時に、ハイリスク・ハイリターンの多角化の方向性がとられています。また、成熟期、衰退期にある企業、もしくは現在の事業展開のままでは今後の成長が見込めない企業の方が、新たな成長機会の方向性を探索することができる、としています。

さらにアンゾフの多角化には、4つの戦略があり①水平型多角化、②垂直型多角化、③集中型多角化、④集成型多角化が提示されていますが、同社においては④の集成型多角化戦略が当てはまると考察できます。これは保有する生産技術や既存事業と関連性がない、未知の世界へ参入する戦略です。集成型多角化戦略ではこれまでのノウハウを活かせないため高い初期投資が必要となるものの、ビジネスの可能性を広げられるほか、成功すればこれまで以上の収益を得られる可能性があります。それゆえに、ホテル業への不動産投資はかなりのリスクでしたが、それが功を奏したことでかなりのリターンが得られたといえます。そしてその利益がクリーニング業や飲食業へ新たな原資を生むことになったと考えられます。このようなリスク分散およびハイリターンがうまく機能することで、今回のコロナ禍を乗り越えることができたといえます。

最後に、西田社長の「一生続く仕事はない。機敏に情報を掴み、押すところは押し、引くところは引く。そして大きな市場よりも常にニッチを狙っていく」という言葉にいかなる時代を超えても通じる理念がありました。その結果、現在のような集成型多角化戦略へつながっていったと考えられます。

6　成功する新事業進出のポイント

本調査によって明らかになった同社が「元気企業」である要因は、下記の4つとなります。

①常に時代の流れを読む柔軟な姿勢

②新たな事業（ハイリスク・ハイリターン）を成功させる先見の明

③トップの豊富な人脈と家族経営による強固な組織
④少数精鋭による事業展開とそれを実現させるビジネスモデル
以上の理由により、アフターコロナにおいても新たな事業を展開することで、今後も好業績を維持していくと考えられます。

注
[1] メビウス「店舗情報」（2024年8月参照）https://www.p-mebius.jp/store/hotel/shop01.html
[2] ASTIL HOTEL「公式ホームページ」（2024年8月参照）https://www.astilhotel.jp/shinosaka/spa/
[3] 中村元一 訳、H・I・アンゾフ著（2015）『アンゾフ戦略経営論〔新訳〕』中央経済社

5章

株式会社イワサキ：リスケを有効に利用して経営体質を改善

追手門学院大学経営学部准教授　岡崎　利美

【企業概要】
会 社 名：株式会社イワサキ
代 表 者：代表取締役　岩崎成伯
住　　所：大阪府大阪市淀川区加島1丁目37－34
資 本 金：1000円
従業員数：17名
創　　業：1972年（昭和47年）1月
創 業 者：岩崎　厚
業　　種：精密鈑金加工業

写真1　岩﨑成伯氏と小林和久氏
出所：株式会社イワサキにて筆者撮影

1　調査の概要

２０２３年7月31日に、株式会社イワサキ（以下、イワサキ）の本社において、代表取締役社長の岩﨑成伯氏と監査役の小林和久氏に対して、１３５分間のインタビュー調査を実施し、金融機関からの借入金返済のリスケジュール（以下、リスケ）申請から優良企業として注目されるようになるまでの経緯についてご説明いただきました（**写真1**）。

また、インタビューに先立ち、ビジネスモデルや財務状況に関する詳細な資料をご提供いただき、分析に活用しました。

2　事業の概要

イワサキは、１９７２年に現社長の岩﨑氏の実父が独立開業した、精密鈑金加工業を営む会社です。２００９年に先代の死去に伴って岩﨑氏が会社を引き継ぎ、現在に至ります。

精密鈑金加工とは、板金加工の一種で、通常の板金加工に比べて、高い加工精度・寸法公差が要求される製品を、専用の機械などを使い、加工することを指します。金属板に曲げ・抜き・溶接・切断などの加工を施す際に、精度が高く、複雑な形状の加工にも対応できるため、緻密さや精度が要求される製品の加工に用いられます。

イワサキでは、精密鈑金加工の設計から加工、組立に至るほぼすべての工程を、一貫して自社で対応しています。業界では薄型加工のスペシャリストとして知られており、各種機械装置の筐体制作などを幅広く手掛けています。現在、イワサキの直接の取引先は商社で、加工の依頼は、商社から図面で受け取り、それを展開して制作しています。商社の先の、加工の発注主である製造会社（以下、ユーザー企業）の名前や、制作したものの用途などは、多くの場合、企業秘密として明らかにされません。

3　イワサキの事業の強み

イワサキの強みは、薄型加工のスペシャリストとして、一貫して自社で対応できる体制を構築しており、多品種小ロットや高付加価値製品、短納期など、ユーザー企業が国内金属加工業者に求めることに、的確に対応できることです。それが可能なのは、イワサキには、高性能の加工設備、それを使いこなす高い技術力、顧客の要望に柔軟に応じることのできる、組織としての対応力の高さがそろっているからです。

イワサキは、最新鋭の加工機械を複数所有しており、そのなかには近畿圏内でも数少ない機械も含まれます。それらは高額なものですが、機械の機能によって対応可能な加工が決まるので、新しい機械の導入は生産効率を向上させるだけではなく、受注の幅を広げる効果もあります。イワサキでは、高性能の加工設備をそろえることで、他社では難しい加工を引き受けることができ、差別化に成功しています。

なお、精密鈑金加工で使用する機械は、買えばすぐに使えるわけではありません。設置時の調整だけでなく、使用する際にも材料の特性などに応じて細かく調整する必要があるので、使いこなすためには高い知識や技術力が必要です。経験の浅い工員でも高度な作業ができる機械もありますが、工程を数値化・プログラム化する過程で、熟練工の高度な技術力を必要とします。つまり、イワサキの社内に蓄積された高度な技術やノウハウが、高性能の機械を使いこなし、高付加価値製品や多品種小ロットの制作を可能としているのです。

顧客の要望に柔軟に応じることのできる、組織としての対応力の高さは、ユーザー企業が何らかの事情で火急の仕事を依頼してきたときなどに、発揮されます。工場では、効率的に生産するために、朝にその日の工程を決め、従業員は各自割り当てられた業務に基づいて準備し、作業をしています。割り込み仕事に対応するには、今している作業を後回しにすれば済む話ではなく、一から工程を組み直し、稼働している機械を停止して設定をやり直し、各自が速やかに新たに必要となった材料や工具などをそろえて、新しく割り当てられた作業に取りかからなければなりません。

イワサキでは、「お客様には、ノーと言わない」、注文を打診されたら、難しい注文であっても、あるいは、無理と思われる短期間での納品を求められても、断らないことを基本方針としています。岩崎氏は、「『困ったら、イワサキ』といわれている。イワサキに出したら、どうにかしてくれると思われている」と話します。難しいことを数多くこなしてきた経験とそこで得たノウハウは、イワサキの対応力をいっそう高める効果があります。また、発注者が切羽詰まった状況で、無理を承知で仕事を依頼したときに、イワサキがその期待に応えた実績が、取引先からの信頼と、その後の安定した仕事の発注につながっています。

イワサキの競争力の高さは、コロナ禍を無傷で乗り切ったところに端的に現れています。新型コロナの影響で、精密鈑金加工業の市場は縮小し、同業者の多くは仕事が急減しましたが、イワサキにマイナスの影響はありませんでした。それどころか、直前に購入した新しい機械が納品されたため、仕事の幅が広がり、コロナ期間中に新たな注文が増加し、業績が向上したといいます。[1]

4　イワサキの困難な時期：事業承継と危機の顕在化

高額な機械を購入し、高い技術力や対応力をもつ良い人材をそろえるためにはお金がかかります。

潤沢な資金がなければ無理と思われそうですが、かつてのイワサキは、経営上の深刻な問題をいくつも抱えた会社でした。

1つ目のお金の問題が発覚したのは、2009年、先代の死去に伴い、岩﨑氏が新社長に就任した直後のことでした。イワサキの財務状態は最悪で、莫大な負債を抱え、資金が尽きて支払不能に陥るのも時間の問題という、破たん寸前の状態でした。先代社長はいわゆるワンマン社長で、経営の一切を一人で掌握し、後継者となる取締役の息子にさえ、危機的状況であることを全く知らせていませんでした。リーマンショックの時期ですが、イワサキには創業時から取引関係が続く上場製造会社A社からの大口発注があり、仕事量を確保していたので、悪くない業績を維持していると思って後を継いだ岩﨑氏には、すぐには信じ難い状況だったといいます。原因と目される大きな失敗や異変があったわけではないので、資金の枯渇は慢性的な経営不振の結果だったと考えられます。

社長交代を機に顕在化した問題は、それだけではありませんでした。

「給料が上がらないなら、会社をやめる」

前社長が黙殺してきた低い給与に関する不満が、若い新社長に対して、強硬な要求として突き付けられました。給与引き上げどころか、財務の立て直しの際には、人件費削減は真っ先に実施しなければならないことの一つです。しかし高い技術力を必要とする精密鈑金加工で、ベテランの従業員たちに退職されると、その穴を埋めることは容易ではなく、厳しい判断を迫られることになりました。

そして致命傷ともなりかねない3つ目の問題は、社長就任からおよそ1年後に勃発しました。当時、売上の8割以上をA社グループからの発注に依存していましたが、A社の担当者の目に余る横柄なふるまいや理不尽な要求を拒否したところ、報復として、グループすべての取引を停止され、いきなり売上の大半を失うこととなりました。

5　危機への対応

社長に就任したばかりの、経験も信用も十分ではない岩﨑氏は、いきなり3つの、いずれも極めて深刻な問題に同時に対応することを迫られました。

1つ目の危機的財務状態への対応として、イワサキは直ちにメインバンクである北おおさか信用金庫へリスケを申し入れました。リスケとは、金融機関からの融資の返済条件を変更することを指します。最近でこそ、リスケは金融機関による中小企業支援策の一つとなりましたが、2009年当時はまだ、リスケに関する金融機関の態度は極めて厳しく、容易に認められるものではありませんでした。イワサキも、リスケの条件として、メインバンクの支店長から厳しいことばで厳しいコスト削減を迫られたといいます。

「今となれば、理解できるのだけれど」、当時は怒りを感じたといいます。そこで発奮して、がむしゃらに頑張ることができたので、「今は、感謝している。当時の支店長に会って、お礼をいいたい」と岩崎氏は話します。

2つ目の問題、従業員からの給与引き上げ要求に、イワサキは応じました。なかには給与が大幅に上昇した人もいたといいます。金融機関とのリスケ交渉の中では、従業員の解雇や給与引き下げを強く迫られましたが、岩崎氏は「それは絶対に飲めない」と断固として拒否し、社長である自分や役員の報酬を大幅カットすることで、どうにか決着させました。会社の存続がかかった厳しい交渉で、金融機関の提示する条件を拒否するリスクは相当なものです。

岩崎氏に、このタイミングで従業員の給与を引きを上げた理由を尋ねると、「低すぎたから」というシンプルな答えが返ってきました。従業員に対して苦しい状況を説明し、情に訴えて、譲歩を求めることもできたかもしれません。しかしそうせず、給与を引き上げたことは、短期的には現金流出を増加させ、資金繰りをさらに悪化させたものの、その代わりに、新社長との信頼関係を構築し、社内のモチベーションを高める効果があったと思われます。

さらに、「今は辛抱してくれ。その代わり、業績が回復したら、評価する」と約束し、業績が好調な現在は約束どおり、従業員やその配偶者も満足する金額のボーナスを支払っていると言います。

3つ目の問題、A社の発注停止で売上の8割以上を失ったことに対しては、新しい取引先を必死で開拓するほかありませんでした。直ちに倒産してもおかしくないような危機ですが、これを乗り切ったときには、イワサキは利益を生む経営体質に変わっていました。圧倒的な立場の差があったA社との取引がなくなったことで、結果的には、儲からない仕事に時間を取られることがなくなったからです。対等な関係で交渉できる新たな取引先とは、提供する価値に見合った価格や条件で仕事ができるようになりました。もしA社との取引が継続、あるいは再開していれば、イワサキの飛躍はなかったでしょう。

6　イワサキの財務戦略

経営破たんを回避するための緊急措置としてリスケを行うと、次に岩崎氏は、大幅上昇が決まった手形割引料を節約するために、主要な取引先へ現金払いへの変更を依頼します。

「取引先に行って、『経営が苦しいので、手形をやめて、現金払いにしてください』とお願いしたら、相手の方が年上だったせいか、ほとんどが応じてくれました」といいますが、取引先にとっては、現金払いへ変更すると資金繰りが悪化する悪い話なので、通常はなかなか応じてもらえるものではありません。

このときに限らず、「人に恵まれた」と話す岩崎氏は、悪い情報も隠さず伝えたうえで、率直に助けや協力を求めることで、難しい局面を打開しています。手の内を明かして交渉することは一種の賭けですが、悪い情報も良い情報も明らかにしておくことで、相手にはイワサキと関わっても不意打ちでトラブルに巻き込まれることはないだろうという安心感や信頼が生まれ、親身な協力や支援を得られるのかもしれません。

リスケで時間をかせいでいる間に、社長交代を機に顕在化した問題を発展的に解消して、業績や財務状態が改善すると、イワサキは攻めに転じました。突破口となったのは、2017年の高額なレーザー加工機の購入、すなわち設備投資の再開です。

リスケ中の金融機関からの新規借入は難しいので、投資資金の調達は、メーカーの提携するファイナンス会社でローンを組みました。ファイナンス会社の借入金利は、銀行や信用金庫等の金利と比較すると格段に高く、返済負担が大きくなります。業績は順調に回復していたとはいえ、すでに大きな負債を抱えていた状況で、高金利のローンを組んで大型投資を行うことは、かなり大胆な決断です。もし予測どおりに仕事が増えなければ、〝過剰投資〟となり、財務状態は絶望的なほど悪化します。だからといって古い機械を使い続けると、売上や利益が先細りすることは確実で、そうすると支払能力が低下し、借入金の返済が難しくなります。

岩﨑氏は半年考えて、レーザー加工機の購入を決めたといいます。結果は吉と出ました。新規の仕事の依頼が増え、業務も拡大し、返済原資となる売上や利益も増加しました。まずは投資をして売上を増加させることで、返済能力を上昇させるという、リスケ中の企業にとっては難易度の高い戦略は、みごとに成功しました。

その後は順調です。翌2018年にはリスケを終了し、元本返済を再開しました。2021年のパンチレーザー複合加工機の購入は、中小企業経営強化法に基づく「経営力向上計画」に認定され、好条件で、日本政策金融公庫と民間金融機関との協調融資を受けることができました。

今ではイワサキは、多くの金融機関がお金を貸したいと思い注目する会社です。そうなると競って好条件の新規融資が提案されるため、非常に良い条件で資金調達し、さらなる設備投資や事業拡大が可能な状況になっています。

7　まとめ

イワサキの成功は目覚ましいものですが、リスケ申請から優良企業と注目されるようになるまでの過程で、起死回生の新製品誕生や奇跡的な有力者との出会いのような、状況を一転させる劇的なことは起こりません。成功は、眼前の危機を回避し、短期的には大きなダメージを受けてもそれに耐え、中長期的に会社を強くする方法を考え続け、実行してきた結果です。危機からの脱却や成長のために〝すべきこと〟を正しく選択し続けたといえます。

現在のイワサキは、最新鋭の加工設備と、それを使いこなす高い技術力、顧客の要望に柔軟に応じることのできる、組織としての高い対応力がそろった、高い競争力をもつ強い会社です。

しかし2017年の設備投資再開までの期間は、設備投資もリストラもしていないので、破たん寸前だった2009年当時とほぼ同じ人材、機械設備で、業績を大きく回復させています。

イワサキの成功は、どんな会社や経営者でも真似ることのできる容易なものではありませんが、深刻な危機を脱却し、優良企業へ生まれ変わることは不可能ではないことを示しています。身近に成功例が1つあることは、再起や経営再建を目指して奮闘する会社や経営者に、希望と勇気を与えてくれるでしょう。

謝辞

北おおさか信用金庫 尼崎支店、尼崎支店支店長 上田剛史氏（当時）には、中小企業金融の現状について貴重なお話を伺いました。心より感謝の意を表します。

注

[1] コロナ禍の期間中、半導体や特定の部品が入手困難となり、自動車や機械などが長期間納品されないという事態が発生した。イワサキが購入した機械も、イワサキへの納品直後に在庫がなくなり、納品されなくなった。

参考文献

追手門学院大学ベンチャービジネス研究所編（二〇二〇）『これからの中小企業経営に必要な施策と活用』、追手門学院大学出版会。

6章

株式会社ユニテック：コロナ禍における技術と人材を生かした主力事業の転換

追手門学院大学経営学部教授　中野 統英

【企業概要】

会 社 名：株式会社ユニテック
代 表 者：代表取締役社長　柳田 剛
住　　所：兵庫県尼崎市大浜町１丁目58番１号（尼崎新工場）
資 本 金：１０００万円
従業員数：24名
創　　業：１９８２年５月
事業内容：内燃機関の耐久評価試験および労働者派遣事業

1　調査の概要

２０２３年7月31日に株式会社ユニテック[(1)]（以下、ユニテック）旧茨木本社・工場において、代表取締役社長の柳田剛氏に対するインタビュー調査を行いました。なおユニテックは２０２４年２月に前記の尼崎新工場に本社・工場機能を完全移転しています。

2　会社の事業展開と経営方針

（1）現社長就任前の事業展開

ユニテックの前身であるネオテクノエンジニアリング株式会社は、内燃機関[(2)]の耐久試験、関連部品・機器の製造および人材派遣を行う会社として１９８２年に設立されました。その後１９８５年に、自動車メーカーへの人材派遣事業をしていたユリエンチ研究所と経営統合を行い現在の社名になりました。２０１１年に現社長でかつて人材派遣業界にいた柳田剛氏が代表取締役に就任しています。現在は、主に農機具などで使われる陸用内燃機関[1]の耐久試験事業を行っています。

もともとユニテックの創業当初はデザインや設計関連の仕事とエンジン耐久試験をメインに行い、その後は汎用エンジンの耐久試験業務と教育目的や各種モーターショーなどで使うエンジンカットモデル等の製作を行っていました。ただリーマンショックや派遣法3年ルールの影響で売上が減少し、その時に先代社長が亡くなられて現社長が事業を引き継ぎました。

(2) 現社長就任後の経営方針

就任当初は、主にエンジン耐久試験と試験用機器の設計・製作を行っていました。エンジン耐久試験は粗利率が良く、受注できれば安定する仕事ですが、当時は自動車会社から安定して受注できていませんでした。自動車用エンジンの耐久試験は車検を考慮して3年で最大5万キロを想定しているので、運転サイクルが最大で1週間程度と短くなります。また部品の納期遅れにより経費などが未払いになり、資金繰りが不安定になることもありました。一方、試験用機器の設計・製作は他社から部品を発注・購入して組立する方法だったので、粗利率が悪くなりました。

これらの理由により、社長は会社の事業方針を主にエンジン耐久試験を安定的に受注する方向へ舵を切りました。農機具などで使われている陸用内燃機関メーカーなどへの営業活動を行い、某農機具メーカーのエンジン耐久試験を請け負えるようになりました。陸用内燃機関には自動車のような車検制度がなく1回の試験あたり3～4か月という長期間の耐久試験を受注できるので、自動車用エンジン耐久試験よりも収益が安定することにもつながりました。

(3) これまでに培ってきた技術について

ユニテックが現在行っている事業は大きく分けて以下の5種類となります。それぞれについて会社の状況を織り交ぜながら解説を行うこととします。

①エンジン耐久試験

この会社ではガソリンエンジンとディーゼルエンジンといった内燃機関を扱っています。現在は主に農機具メーカーが製品に使う陸用内燃機関が多く、小型のディーゼルエンジンが主力になっています。排気量は500ccから6000ccくらいで、コモンレール式[2、(2)]のターボ[3、(2)]エンジンです。市場は国内もありますが欧州や北米、中国がメインで、環境対応も海外を主に見据えています。

②エンジンシミュレーター

ここで作成するエンジンシミュレーターは、サービス工場のスタッフや自動車学校の生徒向けの教育用途です。具体的にはエンジンや走行装置[4]を載せている台になり、エンジンの動作シミュレーションを行うためのものです。

③カットモデル

モーターショーや博物館などで展示される、エンジン断面が分かりやすく見えるようになっている動作しないモデルのことです。最近は需要がないので、ほとんど作成していません。

④各種変速機

高速になる依頼元の内燃機関の回転数を減速して測定機械につなぐために用いるものです。内製している話を聞いた他業者から見積もりや作成を依頼されることがあります。この業務も最終的にはエンジン耐久試験関連になってきます。

⑤人材派遣事業

エンジン耐久試験に関する人材派遣です。具体的には社外でのエンジン耐久試験業務のノウハウや技術を持った自社社員を派遣しています。

（4）近年の経営戦略や将来の経営計画について

エンジン耐久試験という多大な設備投資を要する事業がメインですので、投資が会社独力では難しい状況にあります。よって、会社の独自性を出すためにも「人材」で役立ちたいという思いが社長にあります。これについては別途述べることとします。

今後も社長は前述のものづくりよりも陸用内燃機関の耐久試験を中心にして中期的に業務を行う方向で考えています。2023年に立ち上げた尼崎市の新工場ではエンジン試験ベンチが10台以上ありますが、社内だと試験ベンチが限られるので、今後は社外ベンチを借り人材を派遣して試験を行うことも考えています。

耐久試験を委託されている農機具メーカーには多くの製品があり、さらに出荷する国や地域によって排ガス値などの環境に対する法律が違いますので、製品別だけでなく仕向地別でも様々な種類のエンジンが必要になります。それぞれのエンジンに対して耐久試験を行い耐久性の証明を行うだけでなく、排ガス値の規制などをそれぞれで確認する必要もあるので、エンジン耐久試験の需要も増大することになります。

社長も10年くらい先までの短中期的にはエンジン耐久試験業務で会社を運営することができるのではないかと考えています。エンジン耐久試験の動力装置等のメンテナンスについては受託先メーカーに依存していますが、将来的には内製化することを考えています。

(5) 他社にない強みおよびこれからの方向性について

他社にない強みは、エンジン耐久試験に関する技術、ノウハウおよび人材です。今後はこれらをブラッシュアップして事業を維持・拡大していく予定です。弱点は、内燃機関が将来ずっと安泰かどうかの不安です。中期的には計画を立てることができますが、長期的な展望が不安材料です。

前述にもある通り、今後はエンジン耐久試験やそれらに関する人材派遣事業のほうに会社のリソースを集中させていく方針で事業を展開しています。シミュレーター、カットモデルや変速機作成については専任人材を置かず、同じく機械加工等を必要とするエンジン耐久試験の社内設備・メンテナンス部隊が兼任する形にして業務自体を縮小する方向で考えています。

(6) 人材の活用について

人材の採用は中途採用のみです。内燃機関が今後も大丈夫という保証がない限り、新卒でとることができないというのが社長の考えです。また数年で人材育成して現場へ出すという理念がありますので、新卒にこだわる必要はないということです。

表1　近年5年度の国内乗用車販売台数の推移（単位：台）[3]

年度	ガソリン	HVおよびPHV	ディーゼル	EV	その他	合計
2019	1,497,861	1,048,525	166,693	19,476	1,149	2,733,704
2020	1,363,152	963,034	153,211	14,379	1,687	2,495,463
2021	1,067,228	1,060,283	132,789	24,154	2,135	2,286,589
2022	942,856	1,233,019	129,228	35,559	563	2,341,225
2023	851,153	1,525,671	129,098	40,327	672	2,546,921

（注：軽自動車を除き輸入車を含む、その他は燃料電池車やLPG車等）

エンジン耐久試験の受注先にも人材を派遣しています。人材育成を含めた自社社員と派遣先の関係ですが、社長は「うちの社員は理科系の大学ゼミでいうゼミ生にあたり、派遣先の担当者は大学教員になります。派遣先の担当者が指示を出し、うちの社員が色々聞いたりして勉強しながら実務をこなしていく形式になっています。」というたとえで説明されていました。

3　業界動向について

ここで自動車業界と陸用内燃機関業界の状況について述べます。ともにコロナ禍前の2019年度から2023年度までの販売あるいは出荷台数を見ることとします。

まず自動車業界の販売状況動向[3]を**表1**に示しますが、ここでは一部データを統合しています。コロナ禍の影響で全体での販売台数が落ち込みましたが、コロナ禍の後はやや立て直しており全体的には200万台で推移しています。しかし純粋なガソリン車やディーゼル車が減少しており、ハイブリッド車やEV車などモーターを用いた自動車の売上が増加

表2　近年5年度の陸用内燃機関出荷台数の推移（単位：千台）[4]

年度	ガソリン	ディーゼル	ガス	合計
2019	2,605.9	1,549.9	93.0	4,248.8
2020	2,359.3	1,320.8	83.7	3,763.9
2021	2,486.8	1,785.2	98.5	4,370.5
2022	2,320.0	1,739.1	111.6	4,170.6
2023	1,858.6	1,597.4	103.4	3,559.4

しています。

次に陸用内燃機関業界の出荷状況動向[4]を表2に示しますが、単位未満で四捨五入しており合計と内訳の計は必ずしも一致しません。自動車業界同様にコロナ禍の影響で一時全体での出荷台数が落ち込みましたが、最近は立て直しており近年は400万台前後で推移しています。一概には比較できませんが、台数ベースとしては自動車業界よりも多くなっています。

よって、陸用内燃機関の耐久試験に事業内容を変更したのは、今のところは賢明な判断であったといえます。

4　コロナ禍の影響およびDXについて

（1）コロナ禍の会社事業への影響および対策

コロナ禍の以前から陸用内燃機関メーカーからのエンジン試験業務を委託されていましたので、コロナ禍の影響をあまり受けなかったようです。エンジンメーカーはコロナ禍の影響によるサプライチェーンの混乱で各種の部品供給が遅れ、当初指定していた以外の部品を用いることが多くなりました。予定外の部品を使ったエンジンは部品が1つ変わっても再度耐久試験を行うことになりますので、コロナ禍によって想定外のニーズが入り、かえって受注を増やすことができました。結果的には、エンジン耐久試験業務は会社にはプラスに働きました。

一方、前述していた各種機器の製作業務がほぼなくなりました。各メーカーの在宅勤務が増え、部品試作などが減ってしまったからです。さらにモーターショーなどの対面イベントも減り、シミュレーター、カットモデルや各種変速機といったものづくりに関する受注がなくなりました。ただ粗利率の悪いものづくり関連がなくなり粗利率の良いエンジン耐久試験業務にリソースを集中することができましたので、会社的には逆に良かったといえます。社内の人員もエンジン耐久試験部門にシフトすることができ、結果的には良い意味での合理化もできました。

(2) 事業のDX化について

エンジン性能評価は、設計初期の段階ではコンピュータ・シミュレーションで行っている会社も多くあります。ただし製品の量産化に近い段階になると、エンジンは関係する部品や要素が多すぎて式やプログラムが複雑になり、コンピュータ・シミュレーションではうまく再現できない場合がほとんどとなります。社長の方針は、今後も中期的にはエンジン実機を使った耐久実験を行って性能を実証・評価する方向で事業を進めるということです。

5 まとめ

ユニテックの強みは、主にエンジン耐久試験を行う設備、技術および優れた人材だと思われます。完成品メーカーから耐久試験や部品作成等を依頼される企業はどうしても完成品メーカーの言いなりになりがちですが、ユニテックは創業時から培ってきた技術と社長がもつ人材育成・派遣のノウハウをうまく融合して独自の経営を行うことができていると思われます。よって、取引先の変更を含めた事業の方向性転換を行うことができたといえます。今後はエンジン耐久試験業務をメインに人材派遣業務もされますので、少なくとも中期的には経営は安定すると思われます。

コロナ禍の影響については、サプライチェーンの混乱によるエンジン部品調達先の変更などによりエンジン耐久試験の需要が逆に増大したことが挙げられます。この会社はコロナ禍により業績的にはむしろ良い影響を受けたものと思われます。今後はエンジンの代わりになるモーターなどが台頭してきたときの対応が大事になると考えられます。

謝辞

調査に関しては、ユニテック代表取締役社長の柳田剛氏にヒアリング調査および資料提供について全面的な協力を得ました。また北おおさか信用金庫にも顧客企業であるユニテックをご紹介いただき、調査日程の調整や資料提供等で協力を得ました。ここに感謝致します。

注

[1] 自動車用、鉄道車両用、船用、航空機用を除く産業用の汎用エンジン。

[2] 煤や有害ガスが少ない完全燃焼を促進するために導入された電子制御システム。

[3] 正式にはターボチャージャーといいます。捨てていた排気のエネルギーを利用してエンジンに圧縮した空気を送り込み、より大きなパワーを得るようにする機構。

[4] タイヤ・ホイールをはじめブレーキ、かじ取り装置、サスペンション（車輪と車体をつなぐ装置）などといった車両の足回りに関する機構の総称。

参考文献・参考URL

(1) 株式会社ユニテック：http://www.unitec-eng.jp（最終閲覧日：2024年9月13日）

(2) 村山正、常本秀幸、小川英之（2020）：『エンジン工学 内燃機関の基礎と応用』東京電機大学出版局。

(3) 一般社団法人 日本自動車販売協会連合会 新車統計データ 燃料別登録台数：https://www.jada.or.jp/pages/342/（最終閲覧日：2024年9月13日）

(4) 一般社団法人 日本陸用内燃機関協会 統計 見通し・出荷実績：https://www.lema.or.jp/prospect.html（最終閲覧日：2024年9月13日）

7章

アートウエルド株式会社：高い技術力による付加価値と協力しあう組織文化

追手門学院大学経営学部准教授　井上　秀一

【企業概要】（2023年度時点）

会社名：アートウエルド株式会社
代表者：代表取締役社長　西澤一眞
住　所：大阪府吹田市南金田2－6－25（本社）
　東京都中央区東日本橋2丁目16－7 ANNI東日本橋ビル5F（東京営業所）
資本金：1200万円
従業員数：30名（平均年齢40歳前後）
創　業：1969年（昭和44年）12月26日
創業者：西澤眞八郎

事業内容：高周波ウェルダー加工、ＮＦＣ／ＩＣタグ加工、ライセンス商品の製造・販売
取扱商品：ウェルダー加工によるワッペン、ステッカー、カバリングタグなど。ディズニーをはじめとしたライセンス商品（旅行用スーツケース、バッグなど）

1　はじめに

本章では、アートウエルド株式会社（以下、アートウエルド）代表の西澤一眞氏（以下、西澤氏）と取締役部長の小野原武氏（以下、小野原氏）に対し、２０２３年8月8日（火）に実施した1時間15分のインタビューに基づき、アートウエルドが「元気企業」である要因について明らかにします。アートウエルドは、【企業概要】（２０２３年度時点）に記載のとおり、高周波ウェルダー加工、ＮＦＣ／ＩＣタグ加工、ディズニーをはじめとしたライセンス商品の製造・販売の３つの事業を展開する企業です。１９６９年12月26日、父の眞八郎氏により、ウェルダー加工を専門とするアートウエルドが設立されました。設立当初から高周波加工に関する技術を持ったスタッフが在籍し、そのスタッフを中心に事業が展開されています。二十数か国で事業の協力先を作りながら世界特許を取得し、コンベンションを行うことで技術力の向上が図られています。

2　事業の概要

アートウエルドのウェルダー加工は、立体美術加工を加えたアート的要素を持つウェルダー加工、すなわちアートウェルドであり、社名の由来にもなっています。通常のウェルダー加工では、熱可塑性樹脂を溶着したり、凹凸をつけたりしますが、アートウエルドでは、さらに立体美術加工を施し、**写真1**のような複雑な造形を実現しています。

写真1　立体美術加工が施された商品
出所：本社にて筆者撮影

また、ディズニーやPEANUTSをはじめとするライセンス商品の製造・販売事業も展開されています。先代の眞八郎氏の時代にディズニーを主としたライセンス生産が開始され、それが西澤氏の時代でも続いています。しかし、現在はディズニーのみではなく、スヌーピーやミッフィーなど30以上のキャラクターを取り扱い、ライセンスのポートフォリオが組まれています。

3 経営理念・経営方針・経営戦略

アートウエルドでは、「人と環境とエンターテインメントのあいだに」という経営理念が掲げられ、ウェルダー加工を単なる技術とは捉えず、美的な価値を製品に付与することで人々の暮らしを豊かにすることが重視されています。経営理念については、次のように語られています。

「新しいものを創造するということに関して、それが社会的貢献につながるのではないかというところがベースにはあるのですが、一言で言うと風土かな。やっぱり当時なかったもの。まだまだ日本が発展途上のとこですから、新しい素材であるとか、新しい見え方とか、そういうものを駆使して生活を良くしていく、少しでも綺麗に見せるとか。ウェルダーをアート的に見せて。」(西澤氏)

西澤氏によれば、ウェルダーにアートの要素を加え、それをもって社会を豊かにすることが経営理念とされています。この経営理念に基づき、経営方針はどのように策定されているのでしょうか。

「リスクをかけた拡大はしないということです。やっぱり手の届く範囲のトライをして、どちらかというとできるだけ安定をする方向で会社を動かしていこうかなとは思う。非常に今は変化が速いし投資活動も非常に遅いでしょ。その時にどんどん提案しても手ごたえがなかなか。戻りが少ないし育つ仕事も少ないので、ある程度パイプを太くしながら開発をしながらやっていく。」(西澤氏)

西澤氏が言及する「リスクをかけた拡大」とは、ウェルダー加工やライセンス生産とは無関係の事業を行うことを意味します。時代の急激な変化によって、従来のように長期的な事業展開を見込んで投資を行うことは、とくに中小企業にとっては困難になってきています。そのため、競争優位を持つウェルダー加工をどのように発展させ、どのような技術の組み合わせによって付加価値が生まれるのかを意識して事業が展開されています。この経営方針の下、経営戦略はどのように策定されているのでしょうか。

「競争のないカバン以外の業種でカバンを買ってくれるところ、そういうところをうまく紡いでいっているというのが、うちの営業戦略かな。全然違う業態、産婦人科とか。産婦人科の退院の時にあげるセットをキャラクターで作ってあげたり、野球とかスポーツ系とかイベント系のOEMをやらしていただいたり、ガールスカウトの別注をやったり。」（西澤氏）

西澤氏は、差別化とOEMについて言及しています。ウェルダー加工を用いた製品は特許により差別化されていますが、ライセンスは独占契約ではなく他社との競争にさらされるため、差別化が必要となります。アートウエルドでは、OEM（Original Equipment Manufacturing）[1] 100%を目指し、見込生産を行わず、在庫を持たない会社づくりが進められています。また、カバンをそのまま消費者に広く販売するだけでなく、異業種とのマッチングを通じて、OEMや特別注文による売上増加が図られています。これは既存製品を新市場に投入する市場開拓戦略であり、隣接市場における差別化要因として機能しています。

4　経営計画と組織内コミュニケーション

どれだけ優れた戦略であったとしても、実現できなければ絵に描いた餅となるため、戦略を計画に変換する必要があります。そこで、経営計画については、次のように語られています。

「3年先くらいまでは、ある程度具体的にイメージしながらやっています。期が変わるごとに、また3年組み直しています。難しいし、指標を置き換えないと。でも何もしなければどんどん流されて、指標がないのと一緒になっちゃうので、やっぱりそこは2、3年くらいの、こう行って、こう行って、こう行くというくらいにしないとたどり着かない。一番僕がうるさいのは利益率。売上計画はもちろん立ててますよ。でも、率が狂うと全部狂っちゃうから、いくら売上があっても利益目標を達成してくれないと。会社の経費とかも、損益分岐点を超えていかないわけですから。具体的には、売上目標とは別に利益目標も毎月やっています。本人もそれがわかって、1年間自分の目標に対して今どこまで来ているのか、営業全員認識しています。」（西澤氏）

変動が大きな現代では、中期経営計画として向こう3年間の見積もりを行うことは難しいものの、計画を立てなければ成り行き管理となってしまうことを西澤氏は指摘しています。そのため、アートウエルドでは、期が変わるごとに向こう3年間の中期経営計画が策定され、それを月次ベースの計画に引き直し、従業員の目標管理が行われています。目標管理においては、利益目標達成のために利益率が重視され、利益目標と毎月の進捗を営業全員が認識していますが、どのようにしてそれが実現されているのでしょうか。

「会議の後に個々人と一人ずつお話です。全体の会議で売上は全体が出てきますけど、利益は個々人の目標に対してどうやってという話なので、それはあんまりこうみんなにさらけ出すのはね。ちょっとやっぱりアレなので。個々人の目標はこうですよ、会社の希望はこうですよっていう。なかなかデリケートな話なのですが、結構やっぱりそのへんはみんな納得してくれている。」(西澤氏)

西澤氏によれば、毎週の会議で会社全体の売上目標が提示されたうえで、個人の利益目標については個別面談で共有され、納得感の醸成が図られています。個別の実績を全体で共有しない理由として、個々人へのプレッシャーを回避することが示唆されていますが、全体目標を達成するために個々人の活動はどのように調整されているのでしょうか。

「人には凸凹あるけど、トータルがどれだけプラスで、着地点を向いて何をしていくのということです。途中で着地に向いて、数が足りない時もあった。誰がどのくらい埋めるということも。具体的な話で埋め合わせしていくんだという形で。やっぱり狙った数字に合わす適応力というか、営業というのは、そういうふうに動いてくれないと。」(西澤氏)

営業に期待することとして、全体目標を達成するために協力しあい、行動することを西澤氏は指摘しています。しかし、アートウエルドでは、全体目標の達成に向け、従業員間で自然と調整が行われています。その理由について、西澤氏は、「何かあったらみんなで助けに行く。それは昔からうちの体質」と語るとおり、従業員一人一人がお互いに助け合う組織文化が醸成されています。

5　コロナ禍の経営に対する影響とその対応

コロナ禍がアートウエルドの経営に与えた影響について、次のように語られています。

「売上的にはコロナの影響が一番。ディズニーランドの落ち込みがそのまま売上にズボっとダウンした、プラス一般のローカルの売り場でもやっぱり人の動きがだいぶ減りました。でも、実際に去年こたえているのは、売上もそうですけどやっぱり為替です。資材の高騰、為替の円安、これが急に115円くらいでずっと安定していたのに、一時150円くらいまでいったかな。値上げが追い付かない。タイムラグが最低半年はありますから。」（西澤氏）

西澤氏は、経営への最も大きかった影響として、為替が円安方向へ大幅に振れたことを指摘しています。アートウエルドは資材を輸入しているため、為替が円安方向に振れると為替差損が生じます。為替の影響を価格に反映させようとしても上げるまでにタイムラグが発生するため、その間は売上が上がったとしても利益率は下がることになります。さらに、アートウエルドでは、コロナ禍において、生産技術を応用し、抗ウイルスのマスクケースの販売が試みられました。当時の状況について、西澤氏と小野原氏は、次のように語っています。

「作っても作っても注文残がどんどん膨れていって。うちだけでは追い付かないので、外注と両方でばーっと短い期間で。半年くらいはいっぱい作りました。」（西澤氏）

「逆に他の仕事が止まっていたんです。あの時は。だからカバンのチームとかもみんなそっちに回

っていたみたいなとこです。確かそんな感じでした。」（小野原氏）

当時は世界的にマスク不足の状況であったため、アートウエルドも需要に対して供給が追い付きませんでした。しかし、西澤氏は、営業が獲得してきた注文について、「どんなことをしても作ります」と語り、前向きなリーダーシップを発揮し、他の製品チームが応援に回りながら、コロナ禍でも生産体制が維持されました。

6　人材の採用・育成と事業承継

人材の採用について、アートウエルドでは、これまでリクルートが利用されていたものの、応募者の年齢層が高く組織の若返りにならなかったため、株式会社きたしん総合研究所を通じて、人材の獲得につなげています。また、知人の紹介により、マッチングの不一致を避けた人材確保も同時並行で行われています。人材の育成については、Ｚｏｏｍをはじめとするオンライン会議やテレワークを利用し、地域差をなくした教育体制の構築が図られています。人材の採用と同様に課題である事業承継については、次のように語られています。

「最初から自分が後を継がないといけないという意識で入ってきているから。若い時からそういう形で、まだ33か34。あと2年くらいで引退するという意識があいつと僕とたまたま合致した。僕も会長になっても横に伴走して、やることは何も変わらないと思うのですが、基本的には、ここ5年

くらい。会社全体のこととか数字のことも毎月一緒に東京で（議論している）。」（西澤氏）

西澤氏によれば、当初から息子が後を継ぐ意識で入社し、経営方針や会計的な話も含めて毎月ベースで議論が行われています。このように、入社時から経営に関するコミュニケーションが継続的に行われることで、スムーズな事業承継が進められています。

7 考 察

第1部第4章「組織目的実現のためのマネジメント・コントロール・システム」で述べたとおり、中小企業では、管理会計を用いた会計コントロールを行うことに一定の制約がありますが、一方で、ファミリービジネスの強みを活かして、高い専門性に基づく差別化を行い、トップがリーダーシップを発揮しながら迅速な意思決定を行うことも可能です。例えば、アートウエルドは、ウェルダー加工に関する高い技術力を競争優位とし、アートという美的な価値が付加価値となっています。加えて、ＯＥＭを中心とした在庫を持たない販売体制が構築され、既存事業の延長線上で異業種とのマッチングを行う市場開拓戦略によって他社との差別化が図られています。また、先行研究では、中小企業が海外進出する場合、経営資源の制約を克服するため、同業者、取引先、現地企業などの他社と連携し、経営資源を借りながら問題を克服する必要があると指摘されています。[2] この点、アートウエルドでは、二十数か国の同業者を作り、海外特許を取得してきた実績があり、海外特許の問題を克服しています。

さらに、営業が取ってきた注文は「どんなことをしても作ります」と西澤氏が述べているとおり、コロナ禍という外部環境の急激な変化においても前向きなリーダーシップが発揮され、マスクケースの安定的な大量生産体制が実現されています。このようにトップのリーダーシップが機能している理由の一つとして、MCS上の特徴が指摘できます。例えば、アートウエルドでは、個別面談時に会計数値を利用し、組織と個人の目標一致を図るとともに、現場の意見を収集し、戦略に反映させています。これは、インタラクティブ・コントロール[3]であり、トップと現場の双方向のコミュニケーションを通じて全体最適が図られています。また、従業員どうしも目標達成に向けお互いをカバーしあうことで、部分最適化問題を回避し、それが組織文化として定着していることに大きな特徴があります。以上の特徴によって、高い技術力が製品の製造と販売に結び付き、ひいては業績につながっていることから、「元気企業」としての要因であると考えられます。

8　おわりに

本調査によって明らかになったアートウエルドが「元気企業」である要因は、次の5点です。

①高い技術力を基にした付加価値の創出を常に現場とともに考えていく体制
②OEMや異業種とのマッチングをはじめとした市場開拓戦略

③営業が取ってきた注文は必ず実現するというトップの前向きなリーダーシップ
④従業員一人一人とのコミュニケーションを通じた組織と個人のベクトル一致
⑤従業員がお互いを自然とカバーしあえるような組織文化

注

[1] 田口冬樹（２０１２）「ＯＥＭ戦略の研究：その役割と問題点」『専修マネジメント・ジャーナル』１（１－２）：65－78。田口（２０１２）によれば、相手先ブランド製造といい、自社製品としてではなく、他社ブランド製品として製造することを意味する。

[2] 兼村智也（２０１８）「海外進出にかかる問題・課題を克服する中小企業の事例分析：長野県中小企業を中心に」『地域総合研究』19（Ｐａｒｔ１）：151－162。

[3] Simons, R. (1995) *Levers of Control : How Managers Use Innovative Control Systems to Drive Strategic Renewal*, Harvard Business School Press.（中村元一、浦島史恵、黒田哲彦訳『ハーバード流「21世紀経営」４つのコントロール・レバー』、産業能率大学出版部、１９９８年）

8章

有限会社三愛：高い技術力とそれを支える経営理念の浸透

追手門学院大学経営学部准教授　井上 秀一

【企業概要】（2023年度時点）

会 社 名：有限会社三愛
代 表 者：代表取締役社長　三吉繁清
住　　所：大阪府摂津市鳥飼和道1丁目1－10
資 本 金：500万円
従業員数：15名（平均年齢40歳代）
創　　業：2006年（平成18年）3月16日
創 業 者：三吉繁清
事業内容：看板制作、看板設置工事
取扱商品：看板（個別受注制作・設置）

1　はじめに

本章では、有限会社三愛（以下、三愛）専務取締役の三吉準一氏（以下、三吉氏）に対し、2023年8月7日（月）に実施した1時間のインタビューに基づき、三愛が「元気企業」である要因について明らかにします。三愛は、【企業概要】（2023年度時点）に記載のとおり、看板制作・設置工事事業を展開する企業です。2006年3月16日、現社長の三吉繁清氏により設立され、看板を企画から設計、製造、施工、メンテナンスまで一貫して行えるところに特徴があります。

2　事業の概要

三愛では、**写真1**のように、屋外広告をはじめとして、立体加工技術を駆使した屋内看板やサインポール、店舗や施設向けの造形サインなど、幅広い需要に応え、個別受注によって制作および設置が行われています。例えば、屋外に大型看板を設置する場合、特殊な吊り足場を組む必要があり、設置まで含めて自社完結可能なところは少ないため、制作から設置までの一貫性が競争優位となっています。三愛の競争優位については、次のように語られています。

「お客さんの方も、事故もなく、ずっとしているので、とくに信用はしてもらっています。モノ自体を、工場でできるだけ仕上げて、現場では時間を掛けないようにして、仕上がりも喜んでもらえ

写真1　看板の制作プロセス
出所：三愛より提供

るようにという意識の下、やっています。それはずっとうちのスタッフにも根付いている部分があって、綺麗なままお客さんが喜ぶものということで、それはモットーに思っています。」（三吉氏）

三愛では、顧客がどのようにすれば喜ぶかを考えて実行に移すことが重視されており、大手企業、ゼネコン、設計事務所、ホテル、飲食店、広告代理店、銀行など、幅広く長期に渡る信頼関係が構築されています。このような顧客志向の取り組みが行われている理由の一つとして、次節で述べる経営理念の存在があります。

3　経営理念の浸透

三愛では「全てはお客様の為に」という経営理念が掲げられ、それが実践されています。経営理念の実践については、次のように語られています。

「僕らが行ったから汚れたじゃなくて、僕らが来たら綺麗にして帰ってくれるみたいな。そういう誰でも思うようなことを。そういうところからやっていって、そこは信用してくれている部分だと思う。もしも何か傷つけたとしても嘘をつかない。ちゃんと話をして、納得してもらって、是正して、おさめるという。嘘をついてそこで信用を失うというのが一番アレなので。うちのスタッフにも、『やったことは言え、絶対隠すな』という教えはずっとしています。」（三吉氏）

信用を失った場合、その顧客を失うだけでなく、悪い評判が広がり、既存の顧客や将来の顧客を失う可能性があるため、三愛では従業員の教育が徹底されています。また、掃除をして帰る、嘘をつかないなど、誰もが理解はしていても実際に行動に移すのは難しいことを、教育を通じて実践し、顧客との長期に渡る信頼関係構築につながっています。このように理念が絵に描いた餅ではなく、実践レベルまで浸透しているのはなぜでしょうか。

「よし、コーヒー飲むよと言ったら、普通にみんな話をして、打ち合わせをしている。あれはなかなかいいかもしれないですね。普通にミーティングと言ってあまり時間を割かれるのは、みんな嫌なんですよ。」（三吉氏）

三愛では、トップ自ら従業員とコミュニケーションをとる場が設けられ、それが朝礼や会議等の公式的な場だけではなく、非公式の場でも日常的に行われています。どのような現場でどのような行動が求められるのかを事前に共有し、一定水準以上のクオリティを保つよう現場を改善することによって理念が実践されています。ただし、トップ自ら従業員とコミュニケーションをとっているため、トップがいない場ではコントロールが効かない場合も考えられますが、その点については、次のように語られています。

「管理できる人間が一緒に居て教えていたらいいと思うのですが、そこがなあなあになってしまって、行っても仕事して終わりみたいな感じになってきたらやっぱり質も落ちてくる。僕らはそれぞれ管理する人間をつけて、その人が責任をもってやっているので、その点は今すごい伸びてきているんじゃないかとは思う。」（三吉氏）

トップがいない場でも、従業員が期待された行動が実践できるように管理者が配置され、その管理者を通じて、従業員の教育をはじめとしたマネジメントが行われています。すなわち、今後の事業規模と人材の拡大を見据え、トップと同じ目線でそれらを管理できる管理者の育成が進められています。

4　経営方針、経営戦略、経営計画

三愛では、経営理念に基づき、「経済の発展を支えると共に、日本中の人々に喜びと感動を届け笑顔溢れる社会を実現します」という方針の下、事業が展開されていますが、具体的な経営方針や経営戦略については、どのように考えられているのでしょうか。

「パーキングの事業とかもそうですけど、パーキング＝看板とかもついてくる。看板業界で言ったら媒体業というものがあるのですが、媒体だったら月々いくらって決まっている。毎月お金が入ってくるから。そういうような感じで車庫を作っていったら、結局、毎月いくらか入ってくるじゃないですか。そういうのが何件も増えていったら、ずっと固定でいくら入ってくるというのが読めてくるので。今僕らが本当に一番ダメなのが、一個受けて仕事して、終わってお金をもらうという。(先の数字が）読めないんですよ。なかなか。その部分だけです。」（三吉氏）

看板の制作・設置工事は個別受注生産のため、毎月安定して受注が得られるような環境でない限り、収益を安定させることができません。また、制作・設置工事は、契約から完成・入金まで1年を超えるものも多いため、資金繰りが不安定になる場合があります。そこで、三吉氏は、現在の事業を確実に進めたうえで、パーキング事業やそれに付随する広告媒体の収入等による固定収入の獲得、ひいては経営の安定化を志向しています。この収益の安定化については、三愛の経営計画の作成においても課題となっており、次のように語られています。

「（売上が上がるタイミングについて）うちはバラバラです。売上が上がる時と少ない時があるので、そこはどうしようも。スーパーゼネコンだったら、（契約・工事期間・入出金の）日にちが決まっているので、スーパーゼネコンとかをしながら、アミューズメント系とか、ミックスされたら一番いいです。」（三吉氏）

三吉氏によれば、売上や入出金のタイミングにばらつきがあり、月次ベースで業績やキャッシュ・フローに波が生じるため、複数の業種を組み合わせて利益やキャッシュ・フローの平準化を図ることが目指されています。

5　コロナ禍の経営に対する影響とその対応

コロナ禍は三愛の経営にどのような影響を与えたのでしょうか。

「売上からしたらだいぶ下がったと思います。全然安泰とコロナ前までは言ってましたけど、やっぱりコロナになってから、またお金も借りないといけないような感じになりました。その中でも機械は入れないといけないですし、古くなったら替えないといけないということで、この前もインクジェットを替えたら、なかなか残せるものも残らないというか。その時はパチンコ屋がまず減ったというのがありますね。パチンコでも売上を上げていたのですが、パチンコ屋が減って、飲食店の方が減ると言っても、逆に増えた感じなんですよ。」（三吉氏）

三愛では、パチンコ等のアミューズメント系施設が閉鎖されたことで、看板の受注や売上が減少しています。また、安定的なクオリティの担保のためには設備投資が必要であり、売上が減少した状況でもコストは一定以上かかるため、利益は大きく減少することになります。しかし、三吉氏によれば、飲食店向けの売上はコロナ禍でも増加しています。その理由の一つとして、飲食店の倒産数は増加したものの、新規開業数の増加に伴う看板需要の増加によって売上が増加した可能性が考えられます。では、コロナ禍の影響に対して、どのような対応が図られたのでしょうか。

「やっぱり人との出会いですかね。色んな満遍なく人と付き合っていれば、そういうような仕事でつながりますけど。僕がアミューズメントばっかり、パチンコ屋ばっかりの知り合いばっかりだったら、多分僕もちょっとヤバかったかもしれないです。うちらの会社も。」（三吉氏）

三吉氏は、人とのつながりが生命線であったことを強調しています。これはコロナ対応というよりも、普段から個人的なつながりによる紹介をベースとして顧客を獲得し、幅広い交流関係に基づき異業種でポートフォリオを組めたことが、リスクヘッジにつながったと考えられます。

6　人材の採用・育成

人材の採用と育成について、三吉氏は次のように語っています。

「人材の確保は一番重要かなと思います。なかなか（仕事を）覚えても辞めていくというのがありますので。そういうのをどうやったら離職しないようにできるのか。人材が若返るためにはどうしたらいいのか。日本人でっていったらなかなかいない。募集してもなかなかこない。職人も減ってきているというか看板業界も年齢が高くなってきている。若い子といっても、お父さんがやっていたからというのはありますけど、今から看板屋をやるというような子はなかなかいない。」（三吉氏）

三愛も他社と同様に、組織の若返りと育成を経営上の一番の課題と捉えています。少子高齢化を背景として、若者の数は減少し、また、職人の高齢化によって、業界全体の平均年齢が高くなっているため、次世代への技術の継承も大きな課題となっています。ただし、仮に営業の人材を増やしたとしても、営業と製造のバランスが調整できなければ、質は逆に落ちてしまい、顧客との信頼関係に影響を及ぼしてしまうという側面もあります。そこで、三吉氏によれば、次のような取り組みが考えられています。

「今ずっと一人でやっている人を育てて、僕らの仕事の仕方を教えて、言ったら協力業者として、またそこを使っていくような。僕らのノウハウというか、やり方は伝えてこうやった方が綺麗にいける、こうやった方がいいと。結局その人らは、現場はできるんですけどモノが作れないんですよ。モノづくりのほうが。外国人も入れて、今の副工場長なりが工場長と二人で回るとか、それがもう一人増えてとなると生産のほうも良くなると思うんですけど、それがいきなりできるかと言われたら無理。やっぱり三年はかかると思う。」（三吉氏）

三吉氏によれば、足場を組む、看板を設置するなど現場の取り組みだけでなく、制作というモノづくりができる人材を育成し、他社の協力業者を極力利用せず、自社で賄える体制の構築が図られています。また、生産現場の管理者が、現場作業だけでなく、管理や教育を行う余裕を持たせられる環境の整備も企図されています。このような人材の採用・育成の方針を踏まえ、組織づくりについて、次のように語られています。

「誰もがみんな意見しあって、頭固くなるなよっていうのが僕のイメージなんですね。『これはダメ』とか、『こんなの無理』とかじゃなくて。みんなこう普通に『こうやろ、ああやろ』って意見を言っていったら、『ああ、それやってみようか』みたいな、頭を柔らかく。あとは若い人に来てもらって、年いっている人間と若い人間とが楽しみながらやってくれたら一番いい。おっちゃんとか、みんなやっぱり技術ありますからね。経験もありますし。そういうのに付いて冗談言いながらでも、やる時はやるみたいな。今は色んな有名店とかも仕事をさせてもらっているので、誰が行ってもクオリティの下がらないような、そういう会社にしていきたいです。そう思ったらもっと勉強しないといけないし、もっとやっぱり喜べるようにしないといけないですね。みんなで打ち上げをして、楽しみを教えてあげないとダメだと思うんです。」（三吉氏）

従業員の誰が担当しても一定水準以上のクオリティを担保できるように、世代の違う従業員どうしがコミュニケーションを自由に取り、技術の継承やベクトルの一致を図れるような組織が、三吉氏の描く三愛のあるべき姿とされています。また、顧客だけでなく従業員の満足度も高めるために、社内の懇親会を設定するなど、従業員のモチベーションの向上と組織内コミュニケーションの促進が図られています。

7 考察

三愛では、前章の事例と同様に、経営資源の制約がある中で、高い専門性を活かし、他社との差別化が図られています。例えば、看板の制作から設置まで一貫して対応が可能であり、これは他社にない技術面での競争優位といえます。また、三吉氏の人脈の広さも受注につながっており、人脈に基づく紹介の多さは営業面での競争優位といえます。

三愛のマネジメント・コントロール・システム（以下、ＭＣＳ）の特徴としては、組織目的の実現のために経営理念を浸透させ、現場を組織にとって望ましい方向へと導く理念コントロール[1]が機能していることを指摘できます。先行研究では、経営理念の浸透は、ＭＣＳの設計・運用にも影響を与えることが、事例を通じて報告されています。例えば、吉川（２０２０）では、従業員の自発性を促進するような経営理念が組織内に浸透するにつれて、ボトムアップ型の現実的な経営計画が策定されるようになり、管理会計が進展するプロセスについて明らかにされています[2]。三愛の場合は、「全てはお客様の為に」という経営理念の浸透によって、管理会計が進展するまでには至っていないものの、経営理念が現場の活動の基礎となっていることが特徴です。

このように経営理念が実践レベルで浸透している要因の一つとして、前章の事例と同様に、インタラクティブ・コントロール[3]の存在が指摘できます。三愛では、世代の違う従業員どうしがコミュニケーションを自由に取り、技術の継承やベクトルの一致を図れるよう組織づくりが行われています。具体的には、朝礼後にトップと現場で日々コミュニケーションを行う機会が設けられ、それがインタラクティブ・コントロールの場として機能しています。ただし、会計情報が従業員と共有されているわけではなく、あくまで現場が一定水準以上のクオリティで活動できるようにするための現場のコントロールが中心といえます。

三愛では、非公式のコミュニケーションを用いた組織づくりを通じて、顧客志向の経営理念や組織文化が浸透し、高い技術力を活かしながら、顧客との信頼関係や異業種との交流関係が構築されています。その結果、安定的な受注と現場の一定水準以上のクオリティが担保され、ひいては業績につながっているため、これらの特徴は「元気企業」としての要因であると考えられます。

8　おわりに

本調査によって明らかになった三愛が「元気企業」である要因は、次の5点です。

①企画から設計、製造、施工、メンテナンスまで一貫して対応可能な高い技術力
②幅広い業界の受注獲得につながる異業種との交流関係構築
③経営理念の浸透を基礎とした現場のコントロール
④トップと現場の日々のコミュニケーションを通じた組織と個人のベクトル一致
⑤長期的な信頼関係構築につながる顧客志向の組織文化

注

[1]　澤邉紀生・飛田努（2009）「組織文化に応じたマネジメントコントロールシステムの役割」『メルコ管理会計研究』2（1）：53－67。
[2]　吉川晃史（2020）「中小企業における経営理念の定着とボトムアップ型経営の実現」『産業経営研究』39：49－62。

[3] Simons, R.（1995）Levers of Control : How Managers Use Innovative Control Systems to Drive Strategic Renewal, Harvard Business School Press.（中村元一、浦島史恵、黒田哲彦訳『ハーバード流「21世紀経営」４つのコントロール・レバー』、産業能率大学出版部、１９９８年）

9章

株式会社和幸：コロナ禍でも発揮された高いレジリエンス

追手門学院大学経営学部准教授　岡崎　利美

【企業概要】
会 社 名：株式会社和幸
代 表 者：代表取締役　大橋綾子
住　　所：大阪府大阪市北区梅田1丁目1番3－503号
資 本 金：300万円
従業員数：190名（正社員42名）
創　　業：1962年（昭和37年）、法人化は1972年、会社設立：2019年11月1日
事業内容：飲食事業、ゴルフ事業

1 調査の概要

2023年9月7日（木）に、株式会社和幸（以下、和幸）の代表取締役の大橋綾子氏と管財部部長の斎藤昌一氏に対して、北おおさか信用金庫本店営業部において、1時間半のインタビュー調査を実施しました。また、8月31日（木）昼に和幸亭茨木店、12月9日（土）昼に和幸カントリー倶楽部を訪問しました。

2 事業の沿革

和幸の事業は、飲食事業とゴルフ事業とに大別されます。飲食事業では、ラーメン店〝らーめん一作〟を寝屋川店、茨木店、門真店、高槻店の4店舗、〝焼肉レストラン和幸亭〟、居酒屋店〝ZEN STYLE一作〟、和幸カントリー倶楽部にある、焼肉とラーメンをメインとする〝ラ・コギ〟の合計7店舗を直営しています。

一方、ゴルフ事業の中核は枚方市の和幸カントリー倶楽部で、ゴルフ練習場、ショートコース、アプローチ・パター練習場があり、直営のゴルフスクールとフィットネスとを備えています。クラブハウスは、ゴルフ目的以外の人も集まり、地域の情報発信の中心となる複合施設と位置づけられ、〝ラ・コギ〟や〝カフェ マルシェ〟、フラワーショップが常設されているほか、週末には近郊の農家で生産された無農薬野菜が販売され、不定期に様々なイベントも開催されています。

和幸の設立は2019年11月ですが、創業は昭和30年代までさかのぼります。飲食事業とゴルフ事業という異質な事業の組み合わせは、高度経済成長やバブル経済、そしてバブル崩壊、平成不況という日本経済の激動とともに会社が成長し、変遷した結果です。

祖業は採石業・砕石製造業で、1962年に枚方市で、大橋氏の父で当時19歳だった原一作氏と8歳違いの兄とで、生コンクリート用の砂の製造・販売を開始しました。当時は、高度経済成長の建設ラッシュに加え、大阪では1970年の大阪万博開催を控えた時期で、起業は成功を収めました。

採石業・砕石製造業はその後も順調で、安定した収益を生み出す一方、創業者たちはまだ若く、起業家精神が旺盛だったことから、様々な新事業へ果敢に挑んでいきます。祖業の取引先が建設業界なので、約束手形の支払サイト[1]が長く、利益があっても、資金繰りには苦労することがあったため、次は現金商売をしたいという思いから、物品販売や飲食業などへ進出します。1979年には、マンションを取得して本社を大阪市に移転し、残りの部屋を賃貸する形で不動産賃貸業にも進出することになりました。

昭和の好調な日本経済を背景に、若くして成功したふたりの経営者は、4つの会社を設立して、採石業・砕石製造業、飲食業、不動産賃貸業など、多角化を進めました。この4つの会社をまとめて、「旧和幸グループ」と呼ぶこととします。

そしてバブル期を迎えます。金融機関にとって、安定した収益を生み出す複数の事業、担保となる不動産、実績のある働き盛りの経営者がそろった旧和幸グループは、理想的な融資対象だったことでしょう。旧和幸グループは、不動産購入に伴う借入総額を膨張させながら、事業を拡大していきました。採石場の跡地利用として、1992年に枚方市で開業した和幸カントリー倶楽部は、現在中核事業となっており、いわゆるバブル期の不動産投資とは異なるものです。しかし用地を購入したタイミングが運悪くバブル最盛期で、結果として、この借入が後に過剰債務となり、経営を圧迫することになりました。

90年代初頭のバブル崩壊以降、日本経済が混乱と低迷を繰り返す中、過剰債務を抱えた旧和幸グループは返済困難に陥り、2008年、金融機関に対して返済のリスケジュール（以下、リスケ）を申請し、承認されました。リスケは原則1年で、数回更新された後、金融機関から、中小企業再生支援協議会[2]へ相談するよう求められ、再生支援の主体がメインバンクから公的機関へと移行しました。

旧和幸グループが、中小企業再生支援協議会のもとで事業再生をはかっていた2015、6年頃、当時のメインバンクから、今度は債権カットも視野に入れた抜本的な財務構造の再構築（財務リストラクチャリング）を目指すようにいわれます。2年半の交渉の末、一部金融機関が債権カットに応じたため、債務が圧縮され、新たなメインバンクとなった北おおさか信用金庫からの金融支援を受けて、財務の健全化が達成されました。

同時に事業の再編も行い、兄弟ふたりで興した旧和幸グループを2つに分割して、兄弟それぞれのこども世代が継承することになりました。そして2019年11月、大橋綾子氏を代表取締役とする、飲食事業とゴルフ事業とを継承した新しい和幸が誕生しました。最初のリスケ申請から11年が経過していました。

3　新型コロナの影響

新型コロナ禍の出現は、2019年11月に和幸が新たなスタートを切った直後のできごとでした。飲食業界は、新型コロナ禍と政府のコロナ対策の影響を直接受けた業界です。コロナ感染拡大阻止の象徴ともいえる、政府や地方自治体による飲食店に対する休業や営業時間短縮の要請は、飲食店を翻弄しました。しかしその分、同じように深刻な影響を受けた他の業界に比べて、厚い手当てがされました。営業自粛などに応じた事業者に支払われた持続化給付金や営業時間短縮協力金などは、和幸にとっても「ありがたかった」といいます。

一方、和幸のもう1つの中核事業であるゴルフ事業は、対照的に、新型コロナ禍でプラスの影響が出た分野です。屋外で十分なソーシャル・ディスタンスを確保できるゴルフ場やゴルフ練習場は、家族全員がずっと自宅で過ごすことを余儀なくされた息の詰まるような時期に、問題なく出掛けられる場所の1つでした。経営の面では、ゴルフ練習場の運営は、初期投資額が大きく、固定費率が高いため、粗利率が高くなります。コロナ禍での客数の増加は、売上増以上に利益増に貢献し、飲食事業でのダメージを緩和する効果を果たしました。

4　アフターコロナのための3つの新規企画

大橋氏は、コロナ禍の初期段階で、「収束まで、3年かかる」と腹を括ったといいます。飲食業を営む地元の有力企業の顧問の方から、「新型コロナにはワクチンもないし、薬が開発されるまでは社会が落ち着かないだろうから、1年では元には戻らない。3年間は無理だろう」という見立てを聞いたからでした。

大橋氏は、事業活動が大きく制約された状態を、多忙な平時では難しい、長期計画を熟考し、行動するための時間と前向きにとらえました。そして3年間はコロナ禍が継続すること、そしてコロナ禍が明けてもすぐに以前と同じようには戻らないことを前提に、アフターコロナを見据えた3つの新規企画にとりかかりました。

1つ目は、和幸カントリー倶楽部内に、ラーメンスープ等を製造するためのセントラルキッチンを移設することです。新しい機械を導入した効率的な生産によって、従業員の負担を軽減するとともに、店舗で提供する分に加えて、業務用、オンラインストアや自動販売機などでの冷凍販売用も製造し、販路拡大を支えるためです。公式オンラインストアを開設したことによって、コロナ禍の

写真1　和幸カントリー倶楽部
出所：和幸HP

時期には、遠方に引っ越したため、あるいはその他の事情で来店できない顧客に対して、一作ラーメンを提供することが可能になりました。

２つ目は、セントラルキッチン開設にあわせてクラブハウスを改装し、２０２２年3月に、ゴルフをしなくても楽しめる新しいレジャー施設として、リニューアルオープンすることです（**写真1**）。クラブハウス内のレストランは、それまでの焼肉レストランから、焼肉と一作ラーメンの両方を食べられる新しいスタイルの店に変更されました。メニューも工夫されており、本格的な焼肉を楽しめるのはもちろんのこと、焼肉の盛り合わせとラーメンとがセットになった焼肉定食は、「肉を食べた」という満足感がありながら、家族連れでも気軽に注文できる価格に設定されています（**写真2**）。その一方で、焼肉店は一人では入りづらいといわれますが、ラ・コギにはひとり客専用の焼肉席が設けられており、一人で来店しても焼肉を注文しやすいように配慮されています。

また、和幸カントリー倶楽部が地域活性化の拠点となることを目指しており、週末には地元の農家で作られた無農薬野菜が販売されているほか、広い敷地を活用して、ピザ窯製作ワープショップや、サッカーとゴルフを融合させた新しいスポーツ、「フットゴルフ」のイベントを関西で初めて開催するなど、ゴルフ以外のイベントも積極的に開催しています。

3つ目は、ゴルフスクールの一般社団法人化です。ゴルフスクールは、和幸カントリー倶楽部開業時に開設され、レッスンを提供してきましたが、2022年に一般社団法人を設立し、和幸から独立した非営利法人となりました。社会性、公益性の強い〝スクール〟となることで、さらなる拡充を目指しています。

写真2　ラ・コギの焼肉定食
出所：和幸HP

5　和幸の強みと今後の課題

和幸の強みは、人気店を維持するマネジメント能力の高さです。東京商工リサーチでは、老舗を「創業から30年以上事業を行っている企業」と定義していますが、和幸には、新陳代謝の激しい飲食業界で、1978年に一号店を開店した「らーめん一作」、1992年に一号店を開店した焼肉レストラン「和幸亭」という、異なるジャンルの2つの老舗店（ブランド）があります。どちらも飲食店検索サイト、いわゆるグルメサイトで高評価を受ける人気店です。

なかでもらーめん一作の、鶏のエキスが凝縮した濃厚なスープには熱烈なファンがおり、2021年のテレビ番組で、寝屋川地域で評判のラーメンとして紹介されています。[3] また、特徴的なスープは忘れられない味として記憶され、それが「病気になった親が来店できないので、鍋をもっていくので分けてほしいという人や、家族に付き添われてストレッチャーで来店されるお客様がいらっしゃって」という大橋氏の語るエピソードにも表れています。

味やサービスで評価されることは、飲食店が長期にわたり繁盛するために必要なことですが、それで十分ではありません。同じ材料、同じレシピで調理し、提供しても、同じ味やサービスを再現できるわけではなく、店長やスタッフの交代や店舗拡大などで、評判や人気を落とす店は珍しくありません。2つの老舗店を育てた和幸では、メンバーが変わっても、変わらぬ味やサービスを提供できる技術やノウハウが確立していると推測できます。このことは、コロナ禍で通常営業ができず、スタッフの入れ替わりが増えた時期を乗り切るのにも役立ったと思われます。

和幸のもう1つの強みは、飲食事業とゴルフ事業という異業種の組み合わせから、相乗効果や補完効果を生み出せている点です。補完効果は、コロナ禍で飲食店を休業したり、時短営業したりせざるを得なかった時期に、最大限に発揮されました。相乗効果は、ゴルフ客だけでなく、食事を目当てに来る人たちでにぎわう和幸カントリー倶楽部にみられます。異業種間では、縄張り意識からだけではなく、業種によって思考や仕事の進め方などが異なるために、協力関係を築くことが難しく、相乗効果を生むのは思いのほか難しいものですが、和幸ではうまく調整されているようです。

そして和幸の最大の強みは、レジリエンス、困難にぶつかってもしなやかに回復し、乗り越える力です。資金繰りが悪化すると、経営破たんを回避するために、支払いにあてるお金を捻出することが最優先事項となり、必要な投資や支出まで削減され、過剰な節約を強いられた結果、店舗もスタッフも消耗してしまい、品質やサービスが低下、職場の雰囲気も悪くなってしまうことが珍しくありません。和幸のように、財務的困難を抱えてから解消するまでの長い期間を、事業活動の質や評判を傷つけず、顧客離れも起こさずに乗り切ったことは稀有なことだといえるでしょう。円滑な事業活動に必要な資金を確保し続け、かつ、従業員や店のスタッフに不安感や不信感を抱かせることなく、活気ある組織を維持した経営陣の力量と忍耐力は賞賛に価します。

コロナ禍でもこのレジリエンスが充分に発揮されたことは、アフターコロナの和幸の店やクラブハウスの明るく穏やかな雰囲気でわかります。

一方、和幸の今後の課題として、大橋氏は人材の確保を挙げています。これは和幸に限ったことではなく、中小企業や飲食業界に共通する深刻な課題です。ただ和幸では、店舗やゴルフ練習場が繁華街や駅などから離れた場所に立地していることから、人材確保がより難しくなる可能性があります。和幸はこれまで、メンバーが変わっても、変わらぬ味やサービスを維持することに成功してきましたが、今後はさらなる対応とノウハウの蓄積が求められています。

6　経営に対する考え方

大橋氏の経営に対する考え方は、和幸のホームページ上で、明快なことばで提示されています。「お客様へサービスする『人間力』が、私たちの商品です。日々出会うお客様に感動していただくために、私たちはお客様を思い仕事をしています。私たちの店舗を選んでいただいたお客様と、私たちの会社を選んでくれたスタッフとのつながりを大切にする会社にしていきたい。和幸は人を幸せにするサービス業を目指します。」

また、大橋氏は、「スタッフには、楽しく、楽（らく）して儲けようと言っています」と説明します。楽する方法を常に考えること、すなわち、合理的な作業方法を考えることや、不要な業務を選別して省くことを肯定することで、見えにくいところでの手抜きを防げますし、自分で考えて働くことがやりがいにもつながると思われます。

挑戦することにも前向きです。新しい企画は、代表取締役である大橋氏が考案するだけでなく、現場からも提案され、明らかに無謀な案でなければ、「やってみる」のが基本方針です。「飲食は、製造と営業が同じ店舗にあるから、比較的簡単にアイデアを試せる。新しいものをすぐに出せるのが、飲食業の面白さ」と大橋氏は説明します。やってみないとわからないからやってみる、だから失敗も多いといいます。そのため、新しい企画に挑戦する際には、〝相談と報告〟を徹底しており、現状を的確に把握することでリスク管理を図っています。

7　まとめ

会社の存続を脅かすような危機に直面したとき、経営者の真価が問われます。全社一丸となって危機に立ち向かうことは必要ですが、従業員の頑張りのみに依存していては、すぐに息切れしてしまいます。従業員に過剰な負担を押し付けないことや、今できることやすべきことを明確に示すこと、絵空事ではないビジョンを提示するなど、従業員が長期にわたり頑張り、踏ん張ることができるような環境を整えることは、経営者の責任です。

ビジネスにおいても、レジリエンスということばが使われるようになりましたが、財務的困難やコロナ禍に直面しても、人気も評判も損ねなかった和幸を象徴するにはこのことばがぴったりです。そして高いレジリエンスの根底に、絶対に商品やサービスの質を落とさずに会社を守りきるという大橋氏の強い覚悟があるように思われます。

注

[1]　手形の振出日から支払期日までの日数。業界によって標準的な支払サイトが異なる。支払サイトが長ければ、手形を受け取った企業は、製品を販売した後なかなか入金されないため、資金不足に陥りやすくなる。

[2]　中小企業において、バブル期の過剰債務が堅調な本業を脅かしている状態を解消するため、2003年に政府が創設した再生支援組織。2022年に中小企業活性化協議会へ改組。

[3]　朝日放送「なるみ岡村の過ぎるTV」、2021年11月22日（月）23時17分放送。

10章

ナカヤマ精密株式会社：現場技術者の技能熟達による競争優位性の獲得

追手門学院大学経営学部特任助教　穴田 貴大

【企業概要】

会 社 名：ナカヤマ精密株式会社
代 表 者：代表取締役社長　中山 愼一
住　　所：大阪府大阪市淀川区西宮原２丁目１番３号 ＳＯＲＡ 新大阪21 14Ｆ
資 本 金：９６００万円
従業員数：２３４名
創　　業：１９６９年（昭和44年）６月25日
創 業 者：中山 昭男
事業内容：超硬合金を主とする耐磨耗精密工具類の設計・製造販売

1 はじめに

本章では、ナカヤマ精密株式会社（以下、ナカヤマ精密）の競争力の源泉について紹介します。ナカヤマ精密は、半導体・電子部品製造装置に使われる特殊部品を中心に、超精密金型部品加工、精密機械部品加工、医療・宇宙関連部品といった幅広い分野の精密加工部品の設計・製造を行っている企業です。売上高は、32億5千万円（2022年11月）、従業員数は、234名（2022年12月時点）です。主力は半導体チップの吸着搬送用部品のコレット（**写真1**[1]）で、国内トップクラスのシェアを誇ります。過去には、小惑星探査機の制御ノズルを製造するなど高い技術力を有しています。近年は、大学等の研究機関と連携を図りながら、これまで培った超硬合金加工技術をさらに高め、自動車、航空機、医療分野等の新規分野へ展開しています。なお執筆にあたり、代表取締役社長の中山愼一氏（以下、中山氏）に対し、約1時間半の聞き取りを実施しています。以降では、インタビューの内容を紹介しながら、事例を紹介していきます

2 企業および事業の沿革

ナカヤマ精密の成長の歴史には大きく3つの転機がありました。一つ目は、1969年の創業時です。当初は、線引きダイス加工によって、主にピアノ線や針金のような金属線材を製造する企業

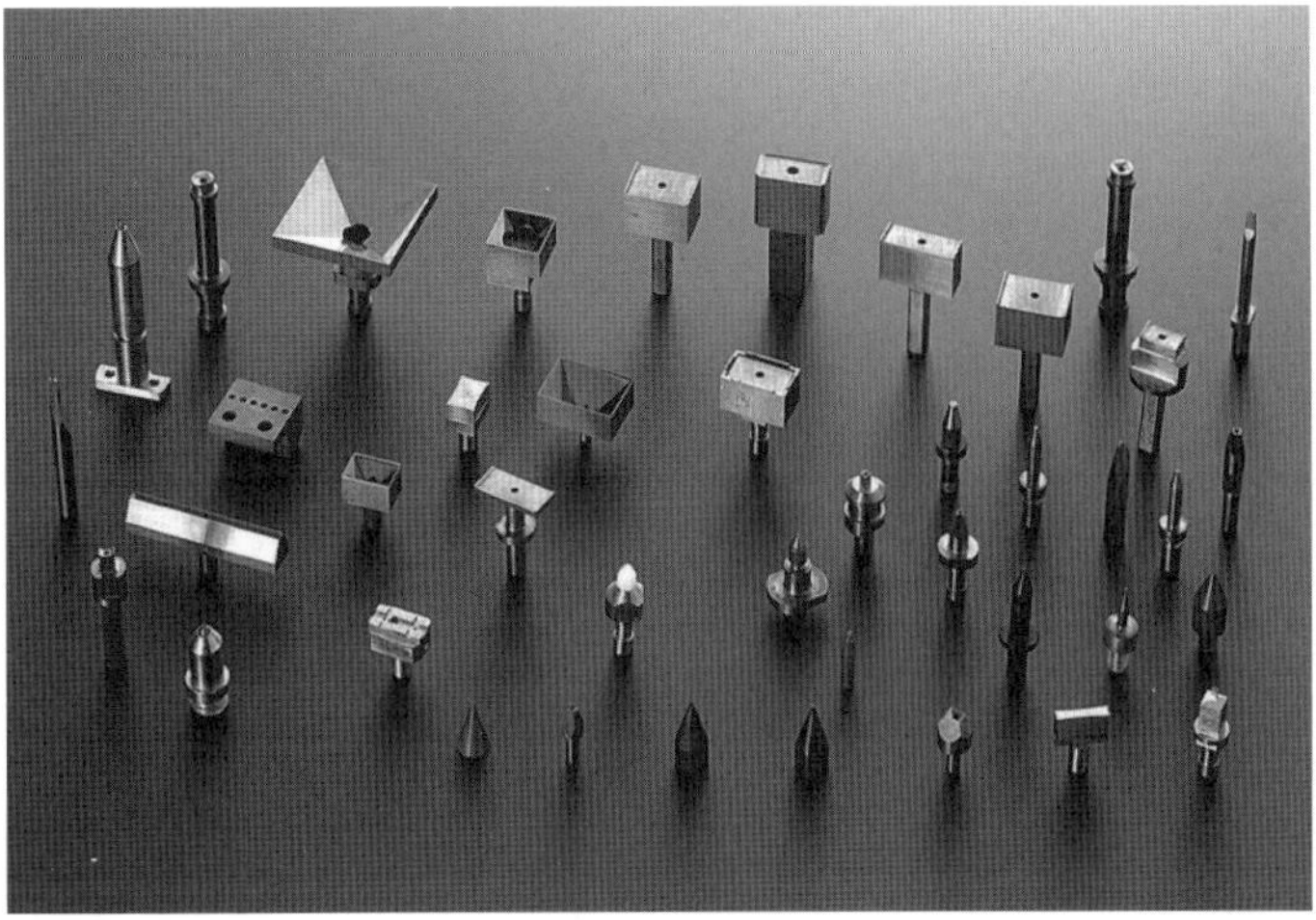

写真1　コレット
出所：ナカヤマ精密提供

でした。その後、松下電工から製造を依頼された電気ソケットや蛍光灯、コンセントといった配線機器の金型が高く評価され、事業拡大の契機となりました。

二つ目は、1980年代の半導体需要の高まりによって、日本の半導体産業が興隆した時期です。ナカヤマ精密は、当時から技術力が評価され、NECや三菱電機、ソニーといった企業から、コレットやリードフレーム[2]の金型部品の製造を依頼されます。技術力を持って市場の需要に対応することで、更なる事業拡大につながりました。

三つ目は、2001年の半導体不況、2008年のリーマンショックと二度の不況を乗り越えた時期です。2001年頃、世界経済の減速に加え、IT分野の需要減少が重なり、世界的な半導体不況が生じました。創業以降、順調に成長してきたナカヤマ精密でしたが、これまでの月間売上高約1億5000万円に対して、約5000万円と3分の1にまで落ち込みました。厳しい経営状況の中、保有していた大阪工場と熊本工場のうち、大阪工場の閉鎖を余儀なくされます。それに伴って、約30名の従業員に会社を離れてもらうことになりました。当時、従業員数は90名ほどで、約3分の1が退職したことになります。苦しい判断でしたが、こうした改革によって、何とか危機を脱しました。その後、コネクタ関連部品やLEDなどの電子部品といった分野への進出も相まって、徐々に半導体不況以前と同程度まで業績が回復していきます。

しかし、2008年のリーマンショックによって、再び売上高が3分の1となり、工場の稼働率がわずか半分になってしまいます。この時は、苦しいながらも人員削減を行わず、空いた時間を従業員の教育に充て、技術力・組織力の強化に努めました。教育の内容は、「不良在庫の問題点の洗い出し」や「生産効率を高めるためのアイデア出し」、「品質検査や加工精度向上の勉強会」といったものです。これによって製造現場の生産性向上につながりました。幸いなことに、リーマンショックの翌年には危機的状況を脱し、受注量が戻ってきました。人員削減を行った他社は生産が追い付かなくなっていた一方で、前回の教訓を活かしたナカヤマ精密は、回復した受注量に難なく対応できました。また生産性も向上していたため、この時、過去最高の売上高、利益率を達成しています。

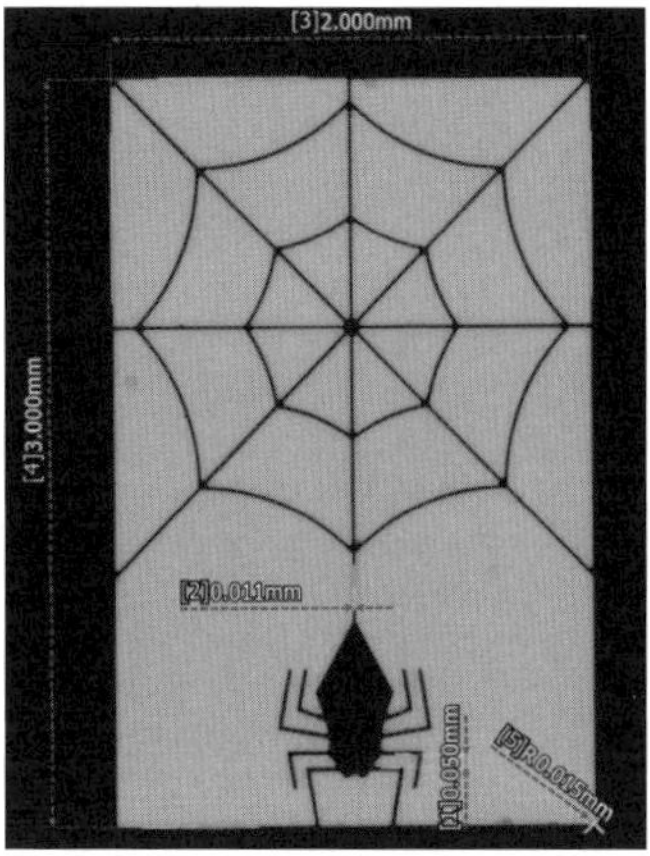

図2　マイクロ加工の例
出所：ナカヤマ精密提供

3　事業の強みと弱み

ナカヤマ精密の強みは、顧客に信頼される高い技術と品質です。超硬合金を中心に、他社には難しい1マイクロや2マイクロといった超高精度の加工が可能で、近年はさらに高精度な100ナノや50ナノといったナノオーダーの受注もこなす技術力を有しています（図2）。こうした超高精度な加工が可能な背景には、従業員の匠の技があります。工作機械は高い精度を誇りますが、加工者の技能がなければ最大限のパフォーマンスを発揮できません。また、製品の最終仕上げを手作業で行う「鏡面仕上げ」のように機械では実現できない加工も行われます。ナカヤマ精密では、単に機械で加工するのではなく、人が機械を使いこなすことで、高い価値を生み出しています。また、高い技術力に加えて、製品を全数検査することで、顧客から高い信頼を得ています。

従業員の匠の技について、中山氏は、「同じ機械を中国とか東南アジアの会社が購入すれば、8割方の加工はできると思うんですけど。そこからもう一歩踏み込んで、機械を使いこなす技術、それがよく言う『匠の技』で、プラスアルファの要素として、うちしかできない加工技術の持ち味を持っています。」と語っています。

さらに、ナカヤマ精密は、毎年の積極的な投資によって、最新の工作機械を導入しています。これにより、機械自体の工作精度が向上すると共に、新しい機械を使いこなしていく中で、従業員の熟練度も向上するという好循環が生じています。その結果、市場が求める超高精度の加工が実現可能なのです。このような好循環を中山氏は、「毎年、設備投資をして、最新の機械を入れてきました。また導入した機械を私たちの社員が使いこなしています。だから、メーカーが発表した機械データ、加工精度よりも、さらに高度な加工精度が実現できています。メーカーからしたら、誤差2マイクロか3マイクロというところを、私たちがいろんな加工条件を出しながら、1マイクロ、場合によっては1マイクロを切るような加工精度で製品を仕上げていく。高精度の機械をさらに使いこなしているところが、一つのポイントだと思うんですね。」と語っています。

一方で、ナカヤマ精密の弱みは、強みの裏返しではありますが、オーダー生産が中心であり、スケールメリットを活かせないことや、受注数が少なく、長期的な受注が難しいことが挙げられます。手仕事を含む超高精度の加工技術は、様々な加工が可能ですが、それゆえに大量生産という形式をとることは難しく、こうした自社の弱みについて、中山氏は、「器用貧乏」と語っています。

4．経営に対する理念・ビジョン・考え方および今後の事業目標

ナカヤマ精密の経営に対する理念・ビジョン・考え方は、大きく三つあります。一つ目は、「顧客との信頼関係を築く」であり、高い技術力に基づき顧客からの信頼を得て、自社にも顧客にも有意義な取引を行うという考え方です。ナカヤマ精密は、現状の高い技術力に満足せず、常に技術力の向上を図っています。創業以来、顧客からの「これを作れないか」という要望に対して、すぐには実現できない場合でも、研鑽を行い、可能な限りその期待に応えてきました。ナカヤマ精密にとって、技術力を信頼してくれる顧客は、最も重要な取引先であると共に、時には共同研究開発を行うなど、常に技術力を向上させてくれるパートナーであると言えます。顧客の要望に応え続け、信頼関係を築くことで、自社の技術を高めています。こうした顧客との関係性について、中山氏は、「取引をして行く上で、お客さんからも、私たちを信頼していただきたいなと思っています。だから、上から目線でただ単に値段だけで、相見積もりを出されて、安いところだけに出すっていうお客さんは基本的にはお断りしています。こつこつと共同研究開発をしながら評価をしていただいて、これからもリピートしていただけるような会社とやり取りをしていくというスタイルを、今までやってきましたし、これからもやっていきたいなと思っています。」と語っています。

二つ目は、「製造業としてモノを作り続けていく」であり、モノづくりを続けることで、現場から付加価値のある技術が生まれ、そうした技術を担う人材も育つという考え方です。モノづくりの

基本は人であり、優れた技能を持った人材の育成は難しいものです。それ故に、ナカヤマ精密では、国内に根を張り、モノを作り続けることを大切にしています。モノづくりを続ける重要性について、中山氏は、「製造業の本質は、モノを作り続けることだと思うんですね。作るのではなく、仕入れて販売とかね、小手先でやるのは間違っていて。海外に委託して、今まで日本で作っていたモノを作らなくなって。その後、日本で作ろうって思っても、もう作れないんです。」と語っています。

三つ目は、「モノづくりの担い手である社員を大切にする」であり、優れた技能を持った従業員がいなければ、モノづくりが成り立たないため、従業員が生活できるように仕事を受注し、会社を発展させて、従業員に還元することが重要であるという考え方です。従業員を大切にすることで、従業員は安心して働くことができ、企業は常に競争を続けていくことができるのです。

5. ナカヤマ精密の人材育成への取り組み

ナカヤマ精密の強みや、経営理念の実現につながる取り組みとして、人材育成があります。超高精度の加工を行うためには、繊細な感覚を養う必要があります。特に代表的なものは、製造現場の新入社員研修で行われるヤスリがけ研修です。この研修は、5日間かけて金属ブロックのヤスリがけを手作業で行い、マイクロ単位の寸法合わせを行うものです。工作機械を使えば数時間でできる加工をあえて手作業で経験することで、手作業がモノづくりの原点であることを学びます。通称

「三津家道場」と呼ばれ、現代の名工にも選ばれ、黄綬褒章も受賞した技術者である三津家敏幸氏の名前が冠されています。三津家氏は、手作業でマイクロやサブマイクロ[3]といった加工ができる職人技を持つ人物でした。こうした研修や現場での手仕事を通して、繊細な感覚を持った熟練の従業員の育成を行っているのです。

6．新型コロナウイルス感染症の影響への対策

半導体電子部品が主力であるナカヤマ精密にとって、新型コロナウイルス感染症による悪影響はほとんどありませんでした。むしろ、市場の半導体不足に伴い、半導体メーカーでは増産体制がとられており、2022年11月の決算では、過去最高の売上高を達成しています。

7　後継者育成・事業継承について

2023年のインタビュー時点では、現社長の中山氏は63歳で、ご子息に会社を引き継ぐことを考えています。ご子息は、同業他社で3年間の就業経験の後に、ナカヤマ精密に入社し、その後、製造、営業、総務、経理などを経験しています。現社長の中山氏は、2代目であり、2001年に先代から社長を引き継ぎました。その際には、先代と経営に対する考え方が異なるため、元からい

た経営陣との軋轢や苦悩があったそうです。このような事業継承の際に生じる問題は、いわば後継者の宿命であり、後継者はそれを乗り越えることが重要であると語っています。

8 理論的な検討・考察

ナカヤマ精密は、優れた技能を持った従業員を育成し、確保することによって、競争優位性を獲得してきたと言えるでしょう。ナカヤマ精密の事例は、経営戦略論における「経営資源に基づく企業観（Resource-based View of the firm、以下ＲＢＶ）[4]」を特に人材に当てはめた考え方を基に検討することができます。

ＲＢＶとは、競争優位の源泉として、企業が保有する経営資源やケイパビリティに着目し、経済的レント[5]や企業のパフォーマンスを検討する分析視角です。[6]ここでいう経営資源とは、企業が戦略実行において活用できる工場や製品のような有形資源、顧客からの評判のような無形資源を意味します。また、ケイパビリティ（capability、能力）とは、経営資源の一種で、例えば、企業のマーケティング能力やマネージャー間のチームワークのような他の経営資源の潜在力を最大限に活用する有形・無形の資源を意味します。

ＲＢＶでは、企業が保有する経営資源は、それぞれ異なっており（異質性）、企業間で移転できない（移転困難性）ことを前提に置きます。そして、経営資源が、①価値性、②稀少性、③完全な模倣困難性、④代替不可能性といった特性を持つとき、企業は競争優位性を獲得すると考えられています。①価値性は、企業の効率性と有効性を高める戦略の計画と実行に影響を与えるという特性です。この時、経営資源は価値があると見なされます。また②稀少性は、競合他社が似たような経営資源を有していないという特性です。さらに、③完全な模倣困難性は、自社が持つ経営資源を競合他社が模倣できないという特性です。加えて、④代替不可能性は、経営資源を用いて企業が戦略を実行する際、他の経営資源では代替できないという特性です。

このような競争優位を獲得する経営資源の特性を特に人材に当てはめた考え方があります。[7] 4つの特性を人的資源に適用し、①価値ある人的資源、②稀少な人的資源、③模倣できない人的資源、④代替不可能な人的資源に整理しています。企業がこうした人的資源を保有する場合、企業は持続的な競争優位を獲得すると考えられています。

以上を踏まえると、ナカヤマ精密は、モノづくりを通じて、価値があり、稀少で、模倣困難で、代替不可能な人的資源を確保し、競争優位を獲得していると考えられます。ナカヤマ精密は、超高精度の加工技術と品質を強みとしています。そして、その技術と品質を評価してもらい「顧客と信頼関係を築く」ことを経営理念としています。これらは技術力を磨き、市場の要求に応え続けることで、競争優位性を獲得するという戦略であり、こうした戦略を実現可能にしているのが、高度な感覚を持つ熟練の従業員の存在です。熟練の従業員は、まさに価値ある人的資源といえるでしょう。

また、三津家氏のようなたぐいまれなる技能を持った熟練の従業員は、他社にはない稀少な人的資源です。さらに、ヤスリがけ研修や日常の職場で、多くの従業員は超高精度な加工を実現する感覚を養っています。こうした感覚は、各々が日々の仕事を通じて培う「身体知」であり、そのような感覚を備えた従業員は、外部の他社には模倣できない人的資源となります。加えて、手仕上げを含むような超高精度の加工は、工作機械だけでは実現不可能です。他の手段では実現できないため、熟練の従業員は代替不可能な人的資源といえます。

ナカヤマ精密の超高精度な加工を可能にする技術は、熟練の従業員に支えられています。最新の工作機械を導入する積極的な投資や顧客からの要望に応え続ける姿勢によって、常に従業員の技能が向上し続けています。企業が市場環境へ対応する中で、従業員は熟達し、それによってさらに競争優位性を獲得するというサイクルが生まれているのです。

9　まとめ

ナカヤマ精密が高い競争優位性を獲得している背景には、高い加工技術を持った熟練の従業員の存在があります。こうした高い技術力は、工作機械の加工によるものだけではなく、人間の感覚を備えた手仕事によって実現されるものであり、機械と人間の力を合わせたものです。高い技術力を実現するには、人間の高度な感覚の養成が必要であり、そのような熟練した従業員の存在は、価値があり、稀少で、模倣困難で、代替不可能な人的資源と見なすことができるでしょう。こうした人的資源を確保することで、ナカヤマ精密は持続的な競争優位性を獲得しているのです。

注

[1] ノズルの形状をした小さな部品。半導体製造装置の先端に装着し、とても小さな半導体チップを次の工程の場所まで正確に搬送するために使われる。

[2] 半導体チップを支持、固定すると同時にプリント配線板の接続端子となる部品。

[3] マイクロは千分の1ミリメートル、サブマイクロは1万分の1ミリメートル。

[4] Barney, J. B（1991）. Firm resources and sustained competitive advantage. Journal of management, 17（1）, 99-120.

[5] 超過利潤のこと。企業が競争的な市場で得られる以上に享受することのできる利益を指す。

[6] Barney, J. B., & Hesterly, W. S.（2020）. Strategic management and competitive advantage: Concepts Global Editon [6th Edition], Pearson Education.（岡田正夫訳（２０２１）『企業戦略論（上・中・下）』、ダイヤモンド社）。

[7] Wright, P. M., McMahan, G. C., & McWilliams, A.（1994）. Human resources and sustained competitive advantage: a resource-based perspective. *International journal of human resource management*, 5（2）, 301-326.

11章

株式会社ニューセンコーポレーションの事例

ベンチャービジネス研究所研究員　村田 崇暢

【企業概要】
会 社 名：株式会社ニューセンコーポレーション
代 表 者：代表取締役　浅井良昭
住　　所：大阪府豊中市蛍池東町4－15－23
資 本 金：1000万円
従業員数：8名
創　　業：1960年（昭和35年）
事業内容：飲料・食品関連のワンウェイ容器等の企画・販売

1　調査の概要

２０２３年８月に株式会社ニューセンコーポレーション（以下、ニューセン）の本社において、代表取締役の浅井良昭氏に対してインタビュー調査を１時間半実施しました。また、インタビューの前に会社の財務状況がわかる資料をご提供いただきました。本章は、インタビュー調査の内容とニューセンのホームページの内容、財務状況のわかる資料をまとめて考察を行ったものです。

2　企業及び事業の沿革

ニューセンは、飲料や食品関連のワンウェイ容器（その形状のまま再使用されない容器のことで紙コップやストローなどが該当します）などの企画と販売を業務とする企業です。創業は１９５７年６月で、大阪府大阪市大淀区本庄川崎町に大阪乳栓として開業しました。法人化したのは１９６０年11月で、株式会社大阪乳栓が創設されました。その翌年に現在の大阪府豊中市蛍池東町に移転しました。当時は乳栓（牛乳瓶などの紙キャップ）を製造していました。１９６２年３月に紙コップ製造部を併設し、１９６７年４月に東罐興業株式会社の代行店となりました。この販売代行が現在にいたる主要な業務内容となっています。そして、１９９４年に商号を現在の株式会社ニューセンコーポレーションに変更しました。

写真1　ニューセンの主な取り扱い商品
出所:ニューセンホームページ

現在、扱っている商品には、①飲料用の紙・プラスチック・PET樹脂コップやカップホルダーといった容器、また、②これらを収納するコップディスペンサー、③コーヒー・紅茶などをかき混ぜるためのマドラーがあります。それに加えて、④食品用の紙容器やランチBOX、⑤プラスチックのスプーン・ナイフ・フォークを扱っています（**写真1**）。

3　経営に対する理念や取り組み

ニューセンの経営理念は、「すべてのお客様との信頼を大切にし感謝の心を忘れずに満足していただける商品とサービスを提供する」というものです。また、インタビューでは、取引先である仕入れ・販売会社を大切にするという話も聞きました。具体的に、大塚製薬株式会社とは、1970年の大阪万博から取引があり、現在も紙コップを供給しています。

主要な取り組みとしては環境負荷軽減があげられます。環境については、「事業活動において環境負荷軽減に貢献し、企業の社会的責任を果たします。また、省資源・省エネルギーを推進し、地球環境保全を目指します」という理念を持っています。この理念のもと、①廃棄物の再利用・リサイクルを推進し環境保全に向け積極的に貢献、②水質や土壌等の自然環境を守るため、汚染防止に努める、という方針を立てて活動しています。

具体的な活動として、間伐材を利用した紙コップの販売があげられます。間伐というのは、日光を地表に届かせ、木々に栄養を行きわたらせるために、一部の樹木を伐採する作業のことです。この作業を行うことで、森林は水資源をとどめる能力を高め、洪水を緩和したり、水質を浄化したりすることができるようになります。そして、この作業で発生した木材が間伐材です。

また、2013年の第4回奈良マラソン大会から、東罐興業株式会社と連携して、マラソンのランナーが給水所で使用した紙コップを回収し、トイレットペーパーにリサイクルするという取り組みを行っています（**写真2**）。奈良マラソン大会には、1万〜2万人の参加者があり、大量の紙コップやトイレットペーパーが消費されます。従来、マラソン大会で発生した使い捨ての紙コップはゴミとして処分されていました。この紙コップを回収してトイレットペーパーにリサイクルして大会で使用するという取り組みはSDGsの観点にかなった活動だと言えます。

4　事業の弱みと強み

ニューセンが企業として持つ[1]強みは、紙コップへの特化です。紙コップの売上は全体の8割を占

写真2　環境への取り組み
出所：ニューセンホームページ

めています。これに関連して、自社倉庫を持ち、在庫があることも強みとなっています。在庫の保有によって需要への素早い対応が可能となっています。そして、委託元の東罐興業株式会社から得られる情報も強みとなっています。

一方で、企業として持つ弱みは副資材的な商品に弱いことです。なお、副資材とは、企業などの生産活動において、直接的に財・サービスの生産にかかわらない財のことです。具体的には、制服やオフィス用品などがあります。

企業を取り巻く環境[2]における強みは、アイスクリームの別注印刷品のカップ需要が高まっていることです。これは、個人事業主がインターネット販売を行う際に発生しているカップ需要です。

一方で、企業を取り巻く環境における弱みは、新型コロナウイルス感染症の影響で、飲食店への需要が落ち込み、イベントや試食も減少したため、ワン

表1　SWOT分析

	プラス要因	マイナス要因
内部環境	強み 紙コップへの特化 在庫の保有 委託元からの情報	弱み 副資材的商品に弱い
外部環境	機会 個人事業主による インターネット販売の増加	脅威 新型コロナ感染症による 容器需要の落ち込み

表2　クロスSWOT分析

	強み	弱み
機会	強み×機会 アイスクリームなどを 販売する個人事業主 の需要に対応（実現）	弱み×機会 個人事業主向けの PR活動や 価値提供など
脅威	強み×脅威 イベントや試食以外での ワンウェイ容器需要の 開拓など	弱み×脅威 在宅ワーク向けの ワンウェイ容器需要の 開拓など

ウェイ容器の需要が減少したことです。

これらをSWOT分析の枠組みでまとめると次のようになります（**表1**）。

このSWOT分析の枠組みをもとにして、「強み」、「機会」、「弱み」、「脅威」をそれぞれ掛け合わせることで、「強み×機会」、「強み×脅威」、「弱み×機会」、「弱み×脅威」の4項目を作ることができます。この項目に対応した戦略を考えるという手法をクロスSWOT分析と言います。クロスSWOT分析では4項目に応じた戦略が考えられますが、現実的に、すべての戦略を実現することは難しいと思われます。したがって、4項目に応じた戦略に優先順位をつけて取り組んでいくというのが一般的な使い方です。実際に、ニューセンの状況に対応したクロスSWOT分析を行うと、**表**

2のようになります。

ここで、実現した「強み×機会」項目について言及すると、ニューセンの強みである紙コップへの特化や在庫の保有という強みがあったことで、アイスクリームの販売などを行う個人事業主の紙コップ需要に対応できたと言えます。

5　今後の事業目標

インタビューによると、ニューセンの今後の事業目標は、①ホームページ（以下、HP）の充実、②HPで集客、③ブランディングの3つということです。

このなかで、①HPの充実と②HPで集客は、クロスSWOT分析の枠組みの「弱み×機会」に対応していると考えられます。つまり、機会である個人事業主のワンウェイ容器需要に対応するための戦略ととらえられるということです。また、長期的には「強み×脅威」や「弱み×脅威」に対応したワンウェイ容器の需要開拓への布石と考えることもできます。③ブランディングについては、脅威に対する対応と考えることができます。つまり、「強み×脅威」や「弱み×脅威」に対応しています。

また、周辺事業分野に進出せずにワンウェイ容器の代理販売を続けるというお話も聞くことができました。これは、紙コップへの特化といったニューセンの強みを活かそうということだと思われます。また、脅威に対して安易に周辺事業分野に手を出すことをしないという堅実さと考えることもできます。

6　従業員の数・年齢構成

従業員は役員2名、営業2名、内勤4名という構成です。内勤は主に受発注の対応をしています。従業員の平均年齢は42・5歳で、中央値年齢は41歳、年齢の分散は86、年齢の標準偏差は9・27歳です。2シグマ区間（42・5歳±2×9・27歳）にすべての従業員の年齢が入っています。そして、すべての従業員が長い期間をニューセンで働いています。

7　新型コロナウイルス感染症の影響への対応

事業の性質上、新型コロナウイルス感染症の影響は大きかったと言えます。SWOT分析でも指摘したとおり新型コロナウイルス感染症による飲食店の需要落ち込みや各種イベントの中止に伴ってワンウェイ容器の需要も減少しました。インタビューによると、売上が5～6割減少したこともあったということです。

この危機対応として、ニューセンは、①HPの拡充、②デジタルトランスフォーメーション（デジタル技術を利用したビジネスモデルの革新のことです。以下、ＤＸ）化、③銀行の貸付や新型コロナウイルス感染症に伴う助成金の利用、を行いました。①ＨＰの拡充として、ＨＰをリニューアルしました。この際に、株式会社きたしん総合研究所のイベントで紹介された副業の専門家に依頼してＨＰを構築しました。また、ＥＣサイト（自社商品販売サイト）も始めました。東罐興業株式会社の商品を採用しているゴーストキッチン（調理と配送に特化した、接客スタッフや内装を持たない飲食店）からこのＥＣサイトを通じて直接注文を受けています。

②ＤＸ化としては、リモートワークを導入しました。導入範囲は、営業と内勤のすべてです。また、①で述べたＨＰの拡充もＤＸ化の一環とみなせます。リモートワークについては次節で詳しく記述します。

③銀行の貸付や新型コロナウイルス感染症に伴う助成金を利用してＨＰのリニューアルを行いました。ＨＰのリニューアルはＳＷＯＴ分析で見た戦略の一環と考えられます。

8　リモートワーク対応

ニューセンは２０２０年の５月からリモートワークに対応しました。具体的に、持ち運び可能なデバイスを利用して会議をリモートで行っています。また、７節の副業の専門家との打ち合わせも、すべてリモートで行いました。

外部との打ち合わせも、初期の段階ではリモートで行っています。話が進み、商談になると対面での打ち合わせを行います。

このように、リモートワーク対応は先進的だと言えます。

9　まとめ

ニューセンは飲料や食品関連のワンウェイ容器などの企画と販売を業務とする企業です。経営理念は、「すべてのお客様との信頼を大切にし感謝の心を忘れずに満足していただける商品とサービスを提供する」です。また、環境負荷軽減に取り組んでいます。

新型コロナウイルス感染症の影響で、飲食店への需要が落ち込み、イベントや試食も減少したため、ワンウェイ容器の需要が減少しました。ニューセンは、①HPの拡充、②DX化、③銀行の貸付や新型コロナウイルス感染症にともなう助成金の利用によって、この需要の減少に対応しました。また、紙コップへの特化、自社倉庫保有による在庫の確保、東罐興業株式会社からの情報、という強みによって、アイスクリームの販売などを行う個人事業主の紙コップ需要に対応できたと考えられます。

注

[1] ＳＷＯＴ分析の用語では内部環境と言う。

[2] ＳＷＯＴ分析の用語では外部環境と言う。

参考ＵＲＬ

株式会社ニューセンコーポレーション　https://newsen.co.jp/（最終閲覧日２０２４年８月29日閲覧）

林野庁　https://www.rinya.maff.go.jp/（２０２４／８／29閲覧）

執筆者一覧

村上《ムラカミ》　喜郁《ヨシフミ》　追手門学院大学経営学部教授　博士（商学）

村田《ムラタ》　崇暢《タカノブ》　大阪大谷大学人間社会学部講師　博士（経済学）

水野《ミズノ》　浩児《コウジ》　追手門学院大学経営学部学部長　教授　博士（法学）

中野《ナカノ》　統英《ノブヒデ》　追手門学院大学経営学部教授　博士（工学）

井上《イノウエ》　秀一《シュウイチ》　追手門学院大学経営学部准教授　博士（経済学）

葉山《ハヤマ》　幹恭《ミキヤス》　追手門学院大学地域創造学部准教授　博士（経営学）

中井《ナカイ》　郷之《サトシ》　追手門学院大学地域創造学部准教授　博士（商学）

岡崎《オカザキ》　利美《トシミ》　追手門学院大学経営学部准教授　修士（商学）

穴田《アナダ》　貴大《タカヒロ》　追手門学院大学経営学部特任助教　修士（経済学）

（執筆順）

追手門学院大学ベンチャービジネス研究所

2006年開設。わが国や海外におけるベンチャービジネスの理論や実態、並びに、イノベーションを志す中堅中小企業の事業承継の調査研究を行い、Newsletterや『追手門学院大学　ベンチャービジネス・レビュー』の発行、経営セミナーの開催など地域社会に貢献する諸活動を行っている。

編著書　「事業承継入門1・2」編 2014年2月
「事業承継入門3」編 2015年2月
「事業承継入門4」編 2016年3月
「ベンチャービジネス研究1」編 2016年3月
「人としくみの農業」編 2016年3月
「ベンチャービジネス研究2」編 2017年3月
「ベンチャービジネス研究3」編 2018年3月
「ベンチャービジネス研究4」編 2019年3月
「これからの中小企業経営に必要な施策と活用」編 2020年3月
「北大阪の元気な中小・中堅企業2021」編 2021年2月

With／Afterコロナ 大阪の元気な中堅・中小企業

2025年2月20日　初版発行

編　者　追手門学院大学
ベンチャービジネス研究所

発行所　追手門学院大学出版会
〒567-8502
大阪府茨木市西安威 2-1-15
電話（072）641-9723
https://www.otemon.ac.jp/

発売所　丸善出版株式会社
〒101-0051
東京都千代田区神田神保町 2-17
電話（03）3512-3256
https://www.maruzen-publishing.co.jp

編集・制作協力　丸善雄松堂株式会社

組版／株式会社明昌堂
印刷・製本／富士美術印刷株式会社
ISBN978-4-907574-40-6 C0034